A Nona sinfonia e seu duplo

FUNDAÇÃO EDITORA DA UNESP

Presidente do Conselho Curador
Herman Voorwald

Diretor-Presidente
José Castilho Marques Neto

Editor-Executivo
Jézio Hernani Bomfim Gutierre

Assessor Editorial
Antonio Celso Ferreira

Conselho Editorial Acadêmico
Alberto Tsuyoshi Ikeda
Célia Aparecida Ferreira Tolentino
Eda Maria Góes
Elisabeth Criscuolo Urbinati
Ildeberto Muniz de Almeida
Luiz Gonzaga Marchezan
Nilson Ghirardello
Paulo César Corrêa Borges
Sérgio Vicente Motta
Vicente Pleitez

Editores-Assistentes
Anderson Nobara
Arlete Zebber
Ligia Cosmo Cantarelli

DANIEL BENTO

A NONA SINFONIA E SEU DUPLO

© 2010 Editora UNESP

Direitos de publicação reservados à:
Fundação Editora da UNESP (FEU)
Praça da Sé, 108
01001-900 – São Paulo – SP
Tel.: (0xx11) 3242-7171
Fax: (0xx11) 3242-7172
www.editoraunesp.com.br
feu@editora.unesp.br

CIP – Brasil. Catalogação na fonte
Sindicato Nacional dos Editores de Livros, RJ

B42n

Bento, Daniel
  A Nona sinfonia e seu duplo / Daniel Bento. - São Paulo : Ed. UNESP, 2010.
  il.

  Inclui bibliografia
  ISBN 978-85-393-0020-4

  1. Beethoven, Ludwig van, 1770-1827. 2. Beethoven, Ludwig van, 1770-1827 - Sinfonias, n. 9, op. 125. 3. Beethoven, Ludwig van, 1770-1827 - Sonatas, piano. I. Título.

10-1511.   CDD: 784.184
                                                               CDU: 78.082

Este livro é publicado pelo projeto *Edição de Textos de Docentes e Pós-Graduados da UNESP* – Pró-Reitoria de Pós-Graduação da UNESP (PROPG) / Fundação Editora da UNESP (FEU)

Editora afiliada:

Asociación de Editoriales Universitarias de América Latina y el Caribe   Associação Brasileira de Editoras Universitárias

*A Maria de Lourdes Sekeff Zampronha
(in memoriam).*

Agradecimentos

Sou profundamente grato a Arthur Nestrovski, meu orientador, que proporcionou imenso enriquecimento a este trabalho. Agradeço também à minha família, aos meus alunos e a Ana Cláudia Viggiani, Arnaldo Cohen, CNPq, Edson Zampronha, Fapesp, Fernando Iazzetta, Fundação Editora da Unesp, Liv Bonnemasou, Lucia Santaella, Maria Lúcia Pimenta Vaz, Reinaldo Calegari, Sérgio Bairon, Silvio Ferraz e William Kinderman.

Sumário

Apresentação   11

1 Obviedade e enigma: a fase tardia   17
2 A sinfonia *Coral*   39
3 A Nona sinfonia do piano   157
4 Duplos   185

Bibliografia   215

APRESENTAÇÃO

A sinfonia n.9 op.125 em ré menor (1824), também conhecida como sinfonia *Coral*, é uma das obras mais importantes da História da Música ocidental. De concertos a propagandas com os mais diversos fins, há inquestionáveis demonstrações de o quanto é força presente, séculos após Ludwig van Beethoven (1770-1827) tê-la composto. Foi empregada ao redor do mundo pelo Estado e contra o Estado, na guerra e na paz, foi símbolo nacionalista e internacionalista. Junto a seu compositor, foi representante tanto da vanguarda quanto da indústria cultural. Seu *finale* tornou-se Hino da União Europeia a partir de 1972, seu manuscrito foi adicionado formalmente ao registro Memória do Mundo da Unesco em 2003.

Ela ecoou na música futura, impregnou a leitura da música que a precedeu. Foi ouvida muitas vezes em obras do próprio Beethoven, sendo exemplo a fantasia *Coral* op.80 em dó menor (1808), que tanto tem em comum com seu quarto movimento, terminado anos depois.

Ressoando na música que a precedeu, demonstrou em certa medida o vigor artístico particular que a teoria da influência de Harold Bloom, os ensaios "Tradição e talento individual" (1919) de T. S. Eliot (1888-1965) e "Kafka e seus precursores" (1951) de Jorge Luis Borges (1899-1986) distinguem: a pertinência no repertório suficiente para demarcá-lo independentemente do sentido temporal.

Não seria surpresa que, pela proximidade, dialogasse de forma mais direta com criações beethovenianas do período produtivo ao qual pertence. Interferiria mesmo na recepção dessas obras. A última fase[1] de Beethoven, em que sua surdez se consuma e um novo estilo nasce, não teve aceitação imediata. Já se enxergou nela a decadência, visão esquecida, hoje até desconfortável. A Nona influiu diretamente para que o último estilo de seu compositor fosse, com o passar do tempo, mais frequentemente estudado, ouvido e interpretado. Não seria absurdo dizer que foi a grande voz da última produção de seu criador, mesmo que autores fundamentais como Theodor Adorno e Maynard Solomon considerassem-na estilisticamente retrógrada, o que não deixa de ser irônico e, como demonstrado adiante, passível de questionamento.

Assim, podem-se ouvir naturalmente células rítmicas e texturas contrapontísticas na sonata para piano op.111 em dó menor (1822) que se pareçam com as de seu primeiro movimento, bem como disposições orquestrais e alusões musicais ao texto na Missa *Solemnis* op.123 em ré maior (1823) que lembrem seu *finale*. Dar-se-ia, contudo, um processo particular se uma peça tivesse ligações com a sinfonia de forma ainda mais consistente, propondo-se um diálogo estrutural. Em tal caso, não só as semelhanças mostrariam algo sobre cada composição, mas também as diferenças. O pensamento musical das duas seria reforçado e, inevitavelmente, o do próprio compositor.

---

1 Wilhelm von Lenz (1809-1883) propôs em 1852 a mais famosa (e talvez a mais criticada também) divisão da produção de Beethoven, em três fases como as classificações anteriores adotadas por Louis Schlösser (1800-1886) em 1828 e François-Joseph Fétis (1784-1871) em 1837. De acordo com ela, a primeira fase acabaria em 1802, a segunda (*heroica*) acabaria em 1812, e a terceira (tardia) iniciar-se-ia em 1813. Deve-se lembrar que nenhuma classificação tornou-se realmente universal. Citando-se dois exemplos mais recentes, Maynard Solomon (1977) e William Kinderman (1995) propõem, cada um à sua maneira, quatro fases. O primeiro mais ou menos divide o período inicial de Lenz; o segundo, de forma parecida, divide o final. Talvez por essa diversidade, "última fase" ou "fase tardia" tornaram-se formas mais amplamente aceitas de referir-se à última década do compositor.

Uma obra mantém com a sinfonia relação desse tipo: a sonata op.106 em si bemol maior, *Hammerklavier* (1818), chamada por Anton Rubinstein (1830-1894) de Nona sinfonia do piano. Como comprova Rubinstein, a proximidade entre essas composições sempre foi visível num certo nível imediato. É surpreendente, entretanto, que seja muito mais complexa do que se poderia supor.

Nesse contexto, passou a ser uma necessidade mapear o tipo de contato notado entre a Nona e a *Hammerklavier*. Por um lado, seria fundamental, em primeiro lugar, evitar perder-se em incontáveis apontamentos de semelhanças e diferenças. Por outro, seria mesmo ingênuo hierarquizar as composições, reduzindo uma a esboço ou ensaio composicional e outra a criação "definitiva" atrelada à suposta obra menor. A hierarquização dificilmente se sustentaria diante da importância de cada uma no repertório.

Uma figura imemorial poderia mediar esse diálogo dilemático: a figura do duplo. Duplos são metáforas um do outro e da própria identidade. A ideia que os permeia – segundo a qual personagens com semelhanças intrínsecas ou diferenças complementares fazem parte de um mesmo princípio ou de uma mesma existência – esteve em notável evidência na literatura da época de Beethoven. Aplicá-la a suas obras seria, em certo sentido, abordá-lo também por intermédio de uma presença particularmente forte em seu tempo.

Se as semelhanças entre duplos não se dão num sentido de mera coincidência ou eventualidade, pois indicam identidade ou aproximação entre personagens (aqui, entre obras), as diferenças acabam por estabelecer um diálogo de complementaridade, então também manifestando identidade, apontando princípios comuns atualizados de maneiras diferentes ou desdobramentos de um mesmo pensamento criativo.

Pensando ainda em Beethoven e em sua época, dois instrumentais a eles relacionados permitiriam o estudo das duas composições sem que se perdesse de vista como seus materiais se conectam e como se estabelece sua linguagem: o sublime e a ironia romântica.

O sublime – o encontro do homem com o que o transcende, a sugestão na linguagem do que está além dela – é um impulso determinante em sua música. Nela, percebem-se com frequência um conjunto sonoro veemente e um discurso que sofre abalos, tanto pelo excessivo relevo adquirido pelos detalhes quanto pela substituição de esperados significantes. De um jeito ou de outro, é como se tudo o que se conseguisse apreender estivesse irremediavelmente aquém dos fenômenos. Os instrumentos parecem transfigurar-se mediante a potência sonora que deles emana. As complexidades do pensamento, da execução e da audição tiram o chão de quem as considera. No relevo dos detalhes que se torna excessivo, há o sublime que Thomas Weiskel abordou como metonímico, positivo. Na inesperada substituição de significantes, o sublime metafórico, negativo. Em ambos, a ameaça às estruturas estáveis da obra pode estar paralelamente em jogo, sugerindo-se também o sublime do horror: a sugestão de aflição e perigo como fonte de sublimação.

A ironia não lida, como faz o sublime, com a transcendência da linguagem, mas com sua falência. Nos processos irônicos do romantismo, a autoconsciência da obra está em jogo, seus materiais grifam suas próprias incapacidades de representação ou a própria incapacidade da representação em si, mostrando-se, mais do que nunca, apenas materiais. Na falência da representação, o assunto da criação passa a ser ela mesma.

Percebe-se então a música que fala de si, tão frequente em Beethoven. Tantas vezes sua movimentação é interrompida pela repetição de estruturas básicas, forçando um reexame sob a luz da ambiguidade: o que parecia discurso era composto pelos mesmos materiais que então geram impasse e mostram suas incapacidades de representar algo além deles mesmos.

Outras ferramentas seriam cruciais para abordar as obras de Beethoven e as relações que mantêm entre si. Destaca-se o subtematismo proposto por Carl Dahlhaus, definido pela recorrência de elementos conceituais nas formações temáticas de uma obra. O subtematismo permite que se identifiquem, especialmente no Beethoven tardio, semelhanças de caráter abstrato entre as estruturas de uma composição, em planos mesmo anteriores aos dos motivos e das células.

A NONA SINFONIA E SEU DUPLO 15

Igualmente importante é o *fluxo para a frente*, que recebe diversas denominações nos textos sobre o compositor e trata do fenômeno de destaque da continuidade temporal gerado pela conexão incessante de partes que se complementam apenas parcialmente. O fluxo para a frente é, de certa forma, contrapeso à rítmica em maior escala. Nesta, a associação de estruturas fraseológicas tende à completude, ao fechamento.

Dois outros aspectos persistem na criação beethoveniana (recebendo várias denominações também): o exoterismo e o esoterismo. Tratam da capacidade de traçar tanto um discurso expansivo quanto um concentrado. Ao mesmo tempo em que as obras se endereçam ao exterior, capturam o ouvinte e fazem com que ele se identifique com elas, também carregam uma incessante coesão temática, motívica e estrutural que as endereça a si mesmas.

Muitos desses conceitos podem ser encontrados fartamente nas mais diversas épocas da produção beethoveniana, à exceção do subtematismo, que mais se relaciona às obras da última fase.

Considerou-se indispensável neste trabalho uma exposição inicial a respeito da fase tardia de Beethoven. Nas duas partes seguintes, invertendo-se a ordem cronológica (figurando-se as inversões temporais da influência e a própria mudança na ordem dos movimentos intermediários das obras), abordou-se primeiro a Nona sinfonia e depois a sonata *Hammerklavier*, tratando-se do contexto, da recepção, da análise das composições e já de algumas relações que elas mantêm entre si. Na quarta parte, além de se completar o questionamento acerca do entendimento da Nona proposto por alguns autores que nela veem retrocesso estilístico, estabeleceu-se a abordagem das composições do ponto de vista da duplicidade, apoiada em textos da psicanálise centrados no assunto e em certos exemplos da literatura alemã da época de Beethoven.

No que se refere à Nona, a carência de bibliografia nacional ocupando-se de sua análise tornou obrigatória uma aproximação que não se ativesse apenas ao estritamente relacionado ao diálogo entre ela e a *Hammerklavier*. Assim, foram amplamente examinadas questões motívicas, harmônicas e fraseológicas indispensáveis a qualquer estudo isolado dela, dentro do possível levando em consideração também o texto de Friedrich von Schiller (1759-1805) e as alterações que nele Beethoven realizou. Desse modo, a segunda parte deste trabalho adquire maiores proporções; suas subdivisões e seus esquemas são posteriores à estruturação contínua de seu texto e têm como objetivo facilitar sua leitura e seu acesso (mas sem refrear um extremamente bem-vindo leitor ávido de uma apreensão ininterrupta).

Com a *Hammerklavier*, na terceira parte, pôde-se abordar mais aquilo que especialmente a relacionasse à Nona, o que permitiu que seu enfoque fosse mais condensado, até mesmo porque em circunstâncias anteriores houve a oportunidade de observá-la tão detalhadamente quanto neste trabalho se observa a Nona (Bento, 2002b). Mesmo assim, não se prescindiu de um reexame que contemplasse a estruturação de seus fenômenos e os seus desdobramentos no tempo (aliado a novas considerações). Tendo sido respeitadas tais necessidades nas partes intermediárias, puderam-se expor na quarta e última muitos dos processos comuns às duas obras sem a necessidade de retomar constantemente certos níveis importantes do pensamento musical (sempre acompanhados de suas nomenclaturas e segmentações), então menos pertinentes à discussão.

1
OBVIEDADE E ENIGMA: A FASE TARDIA

Caso uma observação possa ajudar a ter-se uma ideia do impacto histórico causado pela fase tardia de Beethoven, que seja lembrada a de Franz Liszt (1811-1886) em relação à famosa divisão de sua obra em três fases: o menino, o homem, o Deus (Boucourechliev, 1980, p.7). É certo que ela pode insinuar questionável julgamento evolutivo, assim como descuidada avaliação das primeiras obras de Beethoven. Mas apenas insinua: Liszt, divulgador que foi dele, sabia que em peças como as três sonatas op.2 (1796) só se poderia pensar em "menino" não perdendo de vista uma desinibida mestria na escrita. Sua afirmação faustosa possivelmente teria como principal objetivo salientar um imenso distanciamento entre o estilo intermediário e o tardio.[1]

Adorno patenteia verdadeiro aforismo quando diz que o "Beethoven tardio é ao mesmo tempo enigmático e extremamente óbvio" (1998, p.136). A primeira característica faz da segunda sus-

---

1 Isso parece ainda mais evidente se se considerar que Liszt propôs uma divisão da produção de Beethoven em duas, e não em três fases. De acordo com ela, na primeira fase Beethoven tomaria a música de compositores anteriores como modelo, na segunda buscaria e necessitaria de novos meios de expressão (cf. Drabkin, 1996, p.215).

peita: a desconfiança ao deparar-se com a obviedade é inevitável quando se está cercado por complexidades. As ambivalências no estilo do compositor, mais reforçadas por seus comentadores do século XX que do XIX, cada vez mais parecem ser estruturais. Por exemplo, já foi considerada inviável uma interpretação da sinfonia *Coral* que não fosse contradita pela própria composição (Cook, 1993, p.101-4), o que de certa forma questiona Solomon e o próprio Adorno, que nela veem retrocesso estilístico. A contradição das interpretações pelas obras não seria necessariamente erro dos estudiosos – mais se relacionaria ao fato de a própria música em questão contradizer-se.

A música que se interrompe e as ideias aparentemente deixadas para trás com o surgimento às vezes brusco de outras não são incomuns no Beethoven de nenhum período. No último período, os contrastes têm força suficiente para neutralizar um discurso linear. A última peça das seis bagatelas op.126 (1823-1824), em mi bemol maior, é exemplo. Seis compassos em *Presto* com material notavelmente trivial antecedem (compassos 1-7[2]) e concluem (69-74) um *Andante amabile e con moto*. A conexão entre esses compassos e o *Andante* é praticamente injustificável auditivamente. De forma parecida, no primeiro movimento do quarteto de cordas op.130 em si bemol maior (1826), o *Adagio ma non troppo* não conduz ao *Allegro* na anacruse do 15. Mais propriamente, este toma o lugar daquele, que volta no 20 para ser novamente interrompido na anacruse do 25. Como diz Kerman, a fermata no *Adagio ma non troppo* (14) é indício de que um tema veloz entrará, mas não se poderia prever a "estranha perturbação" que se segue com o *Allegro*, cuja dificuldade em se estabelecer está em sua própria disjunção (1978, p.307-8).

O primeiro exemplo, a sexta peça do ciclo de bagatelas, pode ser usado também para ilustrar outro elemento da fase tardia: a indica-

---

2 Para maior clareza, quando houver referência à extensão de um determinado segmento pelos seus compassos, indicar-se-ão em geral o ponto em que ele começa e o ponto em que deixa de ocorrer. Nas figuras, sempre que necessário, serão discriminados apenas os compassos nelas apresentados (incluindo-se anacruse).

ção pela escrita do que nem sempre pode ser ouvido. Por mais divergentes que sejam os dois andamentos dessa pequena composição e por mais que seus respectivos materiais se polarizem auditivamente, a partitura comprova a conexão: em ambos existe o mesmo *perfil de comportamento*, movimento ascendente e descendente das frases. As diferenças de andamento e de caráter contribuem para que essa afinidade se manifeste na audição quase subliminarmente. Similaridades temáticas como essas, que beiram a abstração, reaparecerão, muito após Beethoven, no estilo aforístico de Arnold Schoenberg (1874-1951) (Bento, op. cit., p.160).

Entende-se, com isso, a ideia de subtematismo no período tardio (e mesmo em algumas obras anteriores) de Beethoven, apresentada por Dahlhaus (1993, p.202-18). No subtematismo, as relações de proximidade entre materiais não se cristalizam abertamente; ao contrário, pontos comuns tendem a ser tênues ou abstratos. A melodia lírica[3] no início do primeiro movimento da sonata op.110 em lá bemol maior (1821) contém a sucessão de notas que é base da fuga que aparece no último movimento,[4] ao mesmo tempo se remetendo indiretamente, pelo perfil melódico, à própria inversão do material desta (que surge no compasso 136 do movimento final). Os intervalos frequentes de quarta (seguidos pelos de terça) nas colcheias da segunda parte do segundo movimento são outra ocorrência de subtematismo. Além disso, no fim da op.110, o material subtemático sofre aceleração e chega às semicolcheias (168), encarnando-se num baixo figurado (a partir do 184), como acompanhamento. Por trás dessas construções de aparente trivialidade, encontram-se afinidades que não se mostram necessariamente na audição, algumas resistindo até mesmo a um primeiro olhar à partitura. Trata-se de uma ironia em dois sentidos. No sentido mais habitual, um pensamento latente num enunciado aparentemente ingênuo. No sentido do ro-

---

3 É interessante notar que o movimento do baixo que acompanha essa melodia tende à sua inversão (primeiro movimento, primeiros quatro compassos).
4 Lá bemol, ré bemol, si bemol e mi bemol.

mantismo, a obra que fala de si própria. De qualquer forma, o aforismo de Adorno é confirmado.

Figura 1. Início da sonata op.110 (compassos 1-4).

Figura 2. Início da fuga, terceiro movimento (26-30).

Figura 3. Inversão do material da fuga, terceiro movimento (136-140).

Figura 4. Intervalos repetidos (colcheias), segundo movimento (40-48).

Figura 5. Aceleração do material subtemático, terceiro movimento (168, 184).

Em certos casos da fase tardia, pode ser desconfortável falar em "tema", apesar de possível. Analisando-se outra sonata para piano, a op.101 em lá maior (1816), encontra-se no primeiro movimento uma fluência ininterrupta que não se concilia com tal conceito no seu sentido estrito (isto é, estrutura demarcada que seja elemento característico da composição). Há mais propriamente uma narrativa maleável que, mesmo manifestando motivos facilmente identificáveis, não se solidifica tematicamente. O subtematismo, por sua vez, apresenta-se não tanto na linha melódica principal, mas no cromatismo de âmbito de terça que permeia a textura e que na maior parte do tempo não se evidencia abertamente (Dahlhaus, op. cit., p.211).

Justamente sobre a textura, talvez a mudança mais notável na fase final em relação à anterior seja o insistente interesse pela polifonia. Dialogando com obras de George Frideric Haendel (1685-1759) e Johann Sebastian Bach (1685-1750), o contraponto beethoveniano terá natureza própria, frequentemente chegando à saturação ou à aspereza. O intervalo de oitava é transcendido, sendo comuns os saltos de décima tanto na fuga do último movimento da sonata op.106 quanto na *Grande fuga* op.133 em si bemol maior (1825). Em meio ao anacronismo de dirigir-se a técnicas antigas, Beethoven realiza releituras, não sendo absurdo ver no processo traços de modernismo. É possível mesmo identificar algo de neoclassicismo, ironicamente, nesse compositor considerado clássico. Mas como indica Rosen, se no quarteto de cordas op.135 em fá maior (1826) e nas variações *Diabelli* op.120 em dó maior (1823) o passado é evocado, trata-se de um passado ainda vivo na época dessas peças, cujo uso nada teria a ver com pastiche (1997, p.510). Há, mesmo assim, exemplos de evocação de um passado já então beirando o desuso, como no *Et Incarnatus* (modo dórico) do *Credo* da Missa *Solemnis* e no terceiro movimento do quarteto op.132 em lá maior (1825), *Molto Adagio* (que se inicia em modo lídio). André Boucourechliev teria outro pensamento relacionado à questão: o que impossibilitaria analogias efetivas com o neoclassicismo seria o fato de Beethoven ter adaptado técnicas antigas à sua escrita, e não o contrário (op. cit., p.71).

Um uso incomum e mais amplo do registro é outra particularidade do período tardio. O trecho localizado entre os compassos 89 e 100 do segundo movimento da sonata op.111 tem textura inusitada em parte pelo aproveitamento isolado do registro alto. No final do último movimento da sonata op.110, entre os compassos 206 e 209, densas estruturas nas regiões altas e baixas são separadas por um imenso vão. Apesar da intensidade sonora, elas não se fazem claras como se poderia esperar, uma pela posição cerrada dos acordes no extremo agudo, outra pela figuração melódica numa região (grave) em que as notas perdem a clareza no piano. Pela coincidência da fase tardia com a perda total da audição do compositor, algumas dificuldades de equilíbrio sonoro sempre foram atribuídas à sua surdez. Entretanto, os supostos erros podem ser vistos facilmente como exemplos de escrita arrojada (ibid., p.65).

Como outra característica de textura, há o uso frequente do trinado como timbre e componente temático, sendo exemplos o quarto movimento do quarteto op.131 em dó sustenido menor (1826), a *Grande fuga* e a sonata *Hammerklavier*. Transformar estrutura tão elementar em diferencial sonoro confere ao parâmetro tímbrico importância extraordinária para a época de Beethoven. Um consistente prenúncio do procedimento é encontrado no último movimento da sonata op.53 em dó maior, *Waldstein* (1804), obra do período médio.

Junto ao contraponto, há também o reemprego da fuga (bem como do fugato e dos cânones), então sob a fraseologia e os planos harmônicos secionais do classicismo. Nas grandes fugas tardias beethovenianas, há hibridismo resultante do cruzamento entre esse tipo de estrutura e tema e variações, forma-sonata e rondó. A fuga ganha a capacidade de articulação na macroforma, marca do classicismo, e técnicas como inversão, retrogradação, aumentação e diminuição tornam-se então sinais de novas seções. Alguns exemplos são encontrados na fuga da *Hammerklavier*: a retrogradação do tema gera uma seção contrastante (153-175), e o tratamento por aumentação demarca um segmento inteiro (94-130).

Mais frequente nas obras tardias que anteriormente é o uso de tema e variações, alvo também de hibridismos. As variações *Diabelli* são construídas a partir de material assumidamente trivial – uma valsa de Anton Diabelli (1781-1858) – e articulam-se na macroforma por meio de seções formadas por grupos de variações. Rosen aborda-os como equivalentes a movimentos de uma sonata ou sinfonia (op. cit., p.439). Um dos princípios dessa obra é o isolamento de elementos temáticos, que se tornam polos organizadores. Assim, a sucessão de notas mi, fá e lá do tema original (compasso 9 e final do 8) é, de forma abstrata, elemento construtor da variação VII, regulando o cromatismo no baixo (e em parte seu desenho melódico). A quarta justa e a terça dessa sucessão são separadas na variação V. Na XX, apenas o cromatismo é usado (sendo notável também a repetição à maneira do compasso 10 do tema original). Na XXVIII, o elemento governante é o semitom, vindo do início do tema original. Na IX, tal elemento (cuja origem é a mesma da variação XXVIII), além de apresentar-se melodicamente, impulsiona também uma progressão harmônica cromática ascendente.

A escrita instrumental do compositor na época se deixa afetar pela música vocal. Recitativos instrumentais serão encontrados com frequência, como no *finale* da sinfonia n.9 e no terceiro movimento da sonata op.110. Algumas antecipações deles são notadas no período médio, como na reexposição do primeiro movimento da sonata op.31 n.2 em ré menor, *Tempestade*[5] (1802), do compasso 144 ao 148 e do 155 ao 159, e no famoso solo de oboé na reexposição do movimento inicial da sinfonia n.5 op.67 em dó menor (1807), 268. Ainda assim, o mito do Beethoven mau melodista é resistente, *diehard* segundo Rosen (1995, p.473). Duas das mais importantes obras de Beethoven que fazem uso de vozes são do período tardio: a Nona e a Missa *Solemnis*.

O interesse vocal de Beethoven, segundo Adorno, chega mesmo à fala. Sobre as repetições de notas comuns na última fase, ele diz:

---

5 A *Tempestade* é a única das 32 sonatas para piano solo escrita na mesma tonalidade da Nona sinfonia. Curiosamente, pode-se notar semelhança entre os recitativos do primeiro movimento daquela e os do *finale* desta.

"Melodia no Beethoven bem tardio torna-se estranha à melodia, e sua lógica é a da fala" (op. cit., p.128-9). Tais repetições, graças às mudanças harmônicas durante o processo, acarretam um efeito também de "fala" da harmonia, destacada pela fixidez horizontal. Harmonicamente, o compositor chega às tonalidades de forma menos cerimoniosa do que antes, comumente abrindo mão de dominantes preparatórias ou, como Donald Tovey as chamou, "explicativas" (1931, p.215). O primeiro movimento do quarteto op.130, por exemplo, apresenta após uma sequência cromática (51-53) a mudança brusca para sol bemol maior por meio de ré bemol (53-56), que não é dominante, pois já se introduz como quinta justa – Kerman classifica a situação tonal do trecho como "inteiramente precária" (op. cit., p.309). No compasso 114 do último movimento da sonata op.110, não só a dominante de lá bemol maior não é resolvida como sol menor entra na sequência, sem nenhuma preparação. No primeiro caso, a mudança tonal é acima de tudo fluente e frágil. No segundo, a escolha adotada faz com que qualquer outra opção mais formalista pareça artifício.

Ainda não foi mencionada a eventual inclinação no estilo tardio para elementos populares, satíricos, humorísticos e grotescos. Todos eles se apoiam na trivialidade e no lugar-comum, bem como em variados graus de ironia.

Casos de afinidades com melodias populares, nada incomuns no classicismo e nas obras anteriores de Beethoven (bastando que seja lembrado, por exemplo, o terceiro movimento da sinfonia n.6 op.68 em fá maior, *Pastoral*, 1808), continuam no período tardio. O quinto movimento do quarteto op.131 apresenta em seu trio um *medley* (ibid., p.201, 338) com quatro melodias de caráter popular. O próprio tema da *Ode à alegria* parece folclórico sem sê-lo, merecendo citação também o último movimento do quarteto op.135.

A impressão de paródia é sugerida quando uma sobrecarga expressiva torna a normalidade ambígua, então uma versão satírica do popular ou do corriqueiro aparece. É o que advém das marcas de expressão no quarto movimento do quarteto op.130, *Alla danza tedesca*, que aparecem constantemente, a densa textura contribuindo também para o efeito. A autossátira, de forma similar, aparece na maneira com que o *scherzo* da *Hammerklavier* transforma o conflito entre os centros tonais si bemol e si do movimento anterior em algo ridículo, especialmente pelas violências locais na *coda* (*forte* e *piano* aliados a um jogo enarmônico significante): é possível concordar com Rosen quando ele afirma que esse segundo movimento satiriza o primeiro (1997, p.280). Outro momento de contraste cujo resultado é humorístico é a variação XIII das *Diabelli*. Talvez o humor beethoveniano resida precisamente nos antagonismos e contrastes disparatados que caminham junto a um discurso dinâmico, como num desenho animado cômico com personagens rivais.

Em relação ao grotesco, talvez não haja melhor exemplo que justamente o *scherzo* da op.106. O elemento que assegura definitivamente a retransição[6] de seu trio para a repetição de sua primeira parte é um bloco ruidoso de dominante (compasso 113, com anacruse) – um *tremolo* que pouco tem a ver tanto com o que se passou quanto com o que aparecerá (exceto por um detalhe estratégico: o restabelecimento do comportamento métrico da primeira parte). Constituindo outro caso, a retransição no segundo movimento do quarteto op.130 tem, nas palavras de Adorno, o "brusco humor como um método de transcender a forma, de 'quebrar as coisas'. O ogro" (op. cit., p.136). Pode-se falar também da parte do tímpano no segundo movimento da sinfonia *Coral*, que como demonstrado adiante bruscamente personifica – de forma nem sempre tão humorística – o próprio nome do instrumento.

Em alguns casos, justamente, o grotesco pode emancipar-se do humor, sua brusquidão pode efetuar a "transferência de potência (ou simulação desta transferência) das forças ameaçadoras para a própria atividade poética" (Hertz, 1994, p.26) – como se a obra não apenas expusesse, mas incorporasse tais forças. Então, ele não mais se enquadra no âmbito das ironias, mas, sim, no do sublime, não menos importante para abordar o compositor.

---

6 Com a expressão "retransição", faz-se referência ao tipo de transição que prepara o início da recapitulação de uma grande seção.

Um elemento enfatizado tanto por Adorno quanto por Dahlhaus é a *primazia do todo* na música de Beethoven, isto é, a adequação dos elementos locais em favor da totalidade da obra. Segundo Dahlhaus, apesar das conhecidas alterações que o compositor fazia durante a criação e de seu hábito de anotar temas mesmo em estado elementar, "era a concepção intuitiva do todo, que então se voltava para a alteração de detalhes individuais, o elemento gerador no processo criativo" (op. cit., p.66). Essa concepção era a "ideia fundamental" (ibid., p.143) que supostamente jamais o abandonava ao compor. Seu processo então envolveria, em grande medida, a chegada às partes pelo global, fazendo das obviedades de certos materiais um solo fértil para a larga escala. Suas impessoalidades torná-los-iam flexíveis às necessidades da macroforma, especialmente havendo potencialidades subtemáticas. Deve-se notar que tanto os pequenos motivos que se destacam na fase *heroica* quanto os materiais impessoais da fase tardia podem ser vistos como agentes da forma atuantes em níveis locais. A diferença fundamental entre os dois é que os materiais impessoais são menos rígidos que os pequenos motivos. Esses últimos podem ser comparados a tijolos, aqueles a massas moldadas pelo subtematismo.

Essa diferença é provavelmente uma das razões para a sinfonia *Coral* ser vista por alguns como retrocesso estilístico, volta ao estilo *heroico*. Tomando-se principalmente seu primeiro e seu segundo movimentos, os motivos de fato lembram os da fase intermediária. O mesmo poderia ser dito sobre a sonata *Hammerklavier*, mas considerá-la um retrocesso não costuma ser levado a sério. Seu primeiro movimento tem um motivo principal típico do Beethoven intermediário, mas o perfil que permeia seus quatro movimentos (figura 6) – ou o seu subtematismo – é bem documentado. O subtematismo também se encontra, certamente, na Nona sinfonia: boa parte de seus temas secundários (ou elementos secundários) nos primeiros três movimentos insinua o tema da *Ode à alegria*. Se os componentes primários dos três primeiros movimentos pouco têm a ver com ele, a relação complementar é inegável: carecem dos graus conjuntos que praticamente o definem. Independentemente disso, pode-se também identificar na Nona um abstrato perfil comum global, as notas ré, si bemol e lá (Levy, 1995, p.23) (figura 7) e a presença fundamental do salto descendente.

Figura 6. Motivo intrínseco da *Hammerklavier*.

Figura 7. Motivo intrínseco presente na Nona sinfonia.

As relações entre essas duas obras serão aprofundadas adiante. Neste momento, mencionam-se algumas delas apenas para demonstrar como reminiscências do estilo intermediário não fundamentam negação do tardio (ou retrocesso) – especialmente porque este *reaproveita* aquele. Na fase final de Beethoven, o estilo *heroico* torna-se, dessa forma, temática, escolha. A observação de algumas de suas características terá importância na abordagem de suas últimas criações – em especial na abordagem da *Hammerklavier* e da sinfonia *Coral*.

Dois aspectos característicos do estilo *heroico* são chamados por Dahlhaus de esoterismo e exoterismo (op. cit., p.16). Kerman refere-se a introspecção e apelo, interioridade e exterioridade, privacidade e publicidade (op. cit., p.195). Tais pares mais expressam contiguidade que antagonismo; delineiam eficiente imagem do estilo.

Beethoven menciona em 1802 um "novo caminho" (Dahlhaus, op. cit., p.167) na sua maneira de compor. Uma das faces dessa mudança residiria no foco em estruturas temáticas mais abstratas. Elas não revelariam uma abstração do tipo da que define o subtematismo da fase tardia, em que as estruturas tendem ao musicalmente inteligível, como nos dois movimentos da sonata op.111. Nesse exemplo, o contraste entre ritmos de maior e menor duração e o salto melódico constituem ideia geradora, não sendo em si material musical concreto, mas, sim, esquema que só se mostra por meio de seus frutos (isto é, sua atuação na matéria musical). Ao contrário, a abstração temática no estilo *heroico* tenderia ao musicalmente sensível: um arpejo (primeiro movimento da sonata *Tempestade*), uma célula rítmica específica (primeiro movimento da sinfonia n.5), um determinado tipo de atividade melódica (deslocamento por grau conjunto no primeiro movimento da sonata *Waldstein*). Trata-se do aspecto interno do estilo, ou esotérico.

Outro aspecto do "novo caminho" seria a capacidade e a disposição comunicativa das obras do estilo *heroico*, seu encaminhamento ao coletivo, exoterismo. Sinfonias como a Terceira (op.55 em mi bemol maior, *Eroica*, 1803) e a Quinta endereçam-se ao exterior sem que com isso suas abstrações sejam abrandadas. Burnham chama a atenção para a capacidade das obras de Beethoven de fazer com que o ouvinte se identifique com elas, tornando-se, mais que peças heroicas, trabalhos universais sobre o heroísmo (1995, p.29-30).

Nota-se assim uma ambivalência, mas não uma contradição. A chave para perceber como uma obra pode ser esotérica e exotérica ao mesmo tempo está na adjacência que envolve esses dois aspectos, justificável pelo potencial de apelo da própria manipulação dos materiais durante o discurso, por mais abstratos que estes em si possam ser. Nesse caso, precisamente a abstração deles contribui para a força comunicativa: com um nível local maleável, submetido a ideias governantes (a primazia do todo), é maior a tendência de condução da escuta não unicamente aos detalhes, mas também ao processo global apontado por eles. Tal processo, por desenrolar-se no tempo, envolve inevitavelmente a noção de continuidade.

Chega-se então a outro fenômeno essencial da fase *heroica*, o fluxo para a frente, também denominado *onward flow* (Dahlhaus, op. cit., p.76) ou *continual motion* (Cook, op. cit., p.28). É encontrado mais abertamente nos primeiros movimentos, nos dramáticos em especial, mas também nos chamados movimentos monumentais, aqueles com materiais mais econômicos e dimensões maiores. O maior representante do monumental num primeiro movimento é também relacionado diretamente ao estilo dramático e ao fluxo para a frente. Surpreendentemente, não pertence à fase intermediária, mas à tardia. É o primeiro movimento da sinfonia *Coral*.

O fluxo para a frente tende a envolver estruturas em maior ou menor grau abertas, isto é, que pelo menos em algum nível não efetuem ou não sofram conclusão. Esta é possivelmente uma das razões que fazem Beethoven escolher temas frequentemente insuficientes em si, que aparentem ser apenas fragmentos incompletos se isolados (alimentando seu estigma de mau melodista). Assim, tornam-se mais raras, nesses contextos, estruturas plenamente complementares e vedadas (frequentemente periódicas), isto é, construções que demarquem com clareza uma rítmica em maior escala, chamada por Eduard Hanslick de "ritmo em grande" (1992, p.61).

A rítmica em maior escala tende à hierarquização de frases (ou de elementos fraseológicos), numa relação comparável à que envolve tempo forte e tempo fraco. Num âmbito maior, chega às grandes seções, conferindo potencialmente à forma-sonata, por exemplo, o caráter de *arsis* (introdução), *thesis* (exposição), *arsis* (desenvolvimento), *thesis* (reexposição), *arsis* e *thesis* (*coda*). No fluxo para a frente, isso é obrigatoriamente suavizado, mas é interessante que se note, de qualquer forma, a dupla função da *coda* – uma espécie de desenvolvimento que ao mesmo tempo encerra o discurso. Reside aí uma justificativa estrutural para a expansão histórica da seção, tão atribuída ao compositor.

Dahlhaus opõe diretamente o fluxo para a frente (referindo-se a ele também como processo teleológico, dirigido à finalidade) ao ritmo em maior escala (op. cit., p.80-9, 116). O primeiro apresentaria dependência entre as partes fundada em uma complementaridade parcial, cujos resquícios sempre impulsionariam o discurso. O segundo demonstraria uma complementaridade plena por meio de elementos que juntos formariam um todo fechado, seguidos por outros de mesma natureza. Enquanto o primeiro olharia para frente, seria teleológico e teria sua forma produzida no tempo, o segundo olharia para trás, seria dependente do tema e teria sua forma no tempo desdobrada, mas não exatamente nele produzida.

Entretanto, apesar de as construções em fluxo para a frente terem menor tendência a fechamentos internos, inevitavelmente eles ocorrem. Exemplo é o compasso 35 do primeiro movimento da Nona sinfonia, comum ao fim da extensão do primeiro grupo temático e à transição: embora seja bem-sucedido em manter o fluxo, em algum ponto seu ou de suas vizinhanças (36) um novo passo no discurso (e na forma) é percebido. Ao mesmo tempo, algumas composições em forma-rondó (teoricamente um modelo de complementaridade plena entre elementos agregados) apresentam, mesmo que parcialmente, o fluxo para a frente. É o caso, para se citar apenas um, do último movimento da sonata para piano KV533/494 em fá maior (1788) de Wolfgang Amadeus Mozart (1756-1791).

Portanto, fluxo para a frente e ritmo em maior escala nem são mutuamente exclusivos nem se fazem homogêneos ao longo das obras. Para que se alternem, bastam modificações de textura ou de técnica de construção. Isso ocorre justamente no *scherzo* da Nona sinfonia: seu fugato (contraponto) é de perfil compatível com o fluxo para a frente, mas seu trio (melodia acompanhada, mudança regular de harmonias), opostamente, traça com clareza o ritmo em maior escala.

Ainda no estabelecimento das continuidades, as contradições mencionadas no início desta parte do trabalho podem ser vistas como meios de construir as incompatibilidades através das quais a música prossegue, formando-se um todo diretamente ligado às oposições locais. As inconciliações do particular são para Adorno fundamentos da arte de Beethoven. Segundo ele, a contradição é notada com o isolamento de segmentos de sua música, mas o global apresenta-se precisamente nas relações antitéticas das partes: "o todo nunca é externo ao particular, emerge exclusivamente do seu movimento, ou, melhor, é tal movimento" (op. cit., p.24). Pelo seu raciocínio, pode-se concluir que contradição não implica necessariamente quebra de fluxo; este se vincula inevitavelmente à primazia do todo ou à "ideia fundamental".

Uma forma de contradição discursiva por excelência é a ironia, frequente tanto na fase *heroica* quanto na tardia. Parte da dificuldade em encontrá-la deve-se ao fato de que lhe é rotina familiar apagar seus próprios rastros.

A NONA SINFONIA E SEU DUPLO 31

O que realmente se move num fluxo para a frente? É quase inevitável a percepção do movimento, mas quando se tenta determinar o que está se movendo, qualquer certeza desaparece. Não poderiam ser os motivos, nem os temas, nem qualquer elemento que eventualmente se omitisse, pois o fluxo continua mesmo sem eles. Nem mesmo o som coincidiria com tal movimento – as pausas pertencem ao discurso também. O discurso em si poderia ser resposta, mas talvez seja apenas signo, ou índice, do fenômeno.

Tendo-se como alternativa a própria música, chega-se àquilo que Friedrich von Schlegel (1772-1829) e Novalis (1772-1801) chamaram de ironia, a criação tratando da própria criação (Nestrovski, 1996, p.8, 140). Em muitos momentos, o engajamento que a música de Beethoven impõe ao ouvinte é quase unicamente o vislumbre desse processo, promovendo-se não raramente um estranhamento. Ela parece estar sendo composta enquanto é ouvida, movendo-se a partir de si e por si, propondo e interrompendo seu próprio diálogo interno acerca de si. Tal impressão explica em parte as metáforas orgânicas tão empregadas ao discutir Beethoven e a modernidade.

A sonata op.110 apresenta exemplos numerosos de ironia, um deles na já mencionada seção "B" do segundo movimento, que mostra abundante figuração de quatro colcheias por compasso (figura 4, acima), subtemática por duas razões. Em primeiro lugar, mesmo que as aparições variem (há dois tipos de design), com raras exceções[7] são continuamente reforçados dois intervalos fundamentais da obra: o salto de quarta justa e a compensação de terça na direção oposta. Além disso, como a distância de terça pode ocorrer tanto em relação à parte superior quanto à inferior do intervalo de quarta, decompondo-se as estruturas percebe-se regular presença de quatro graus conjuntos. A chegada a eles é reveladora, pois marcam tanto a melodia quanto o baixo no tema principal do movimento (compassos 1 e 2, base da seção "A").

---

7 Apenas sete vezes (compassos 47, 54, 55, 63, 69, 82 e 90) dentre as 48 aparições (entre 41 e 48, 49 e 56, 57 e 64, 65 e 72, 76 e 83, 84 e 96 e isoladamente no compasso 73).

Figura 8. Início do segundo movimento, sonata op.110 (1-4).

Até o compasso 92, isto é, antes da liquidação,[8] as correntes da figuração funcionam como uma intrincada, talvez tortuosa, mas inegável melodia. Entretanto, entre 92 e 96, pela repetição débil e pelo estatismo resultante que a troca de registro não quebra, é impossível não perceber que elas são apenas um material repetidamente grifado. Este, de natureza abstrata e de atualizações simplórias, é em essência tudo aquilo de que "B" é feita. É marca de seu movimento irônico essa quase inevitável constatação.

Figura 9. Repetição e estatismo, sonata op.110, segundo movimento (92-95).

Além do recurso de estaticamente explicitar o material, os compassos de liquidação não apresentam nenhum outro para obter seu efeito. Faz deles exemplo de ironia a capacidade de "suspensão e autocancelamento da linguagem" (ibid., p.7): o que entre 41 e 92 essa última constrói em quatro compassos apenas é anulado, sendo

---

8 As denominações "condensação" e "liquidação" são aqui empregadas conforme o pensamento de Schoenberg (cf. bibliografia). Condensação refere-se à diminuição de tamanho das sequências de uma estrutura. Liquidação é definida pelo encerramento das sequências por meio de construções que rompam com as obrigações motívicas.

o maior responsável por isso o isolamento do material principal. A música irônica fala de si e inevitavelmente é música da consciência ou da autoconsciência, fazendo parte de sua natureza deslocar o fruidor. A ruptura em si mesma que propõe o transporta a outra camada do discurso e força a releitura. Os quatro compassos citados podem ser comparados a um detalhe que finalmente desencadeie a constatação de que uma moça está por trás dos traços de uma senhora (ou vice-versa) na figura de Edwin G. Boring (1886-1968). Ou, ainda, podem ser comparados a uma particularidade que relembre ao observador que ele está contemplando uma figura.

Os limites da linguagem constituem ponto de partida e foco da ironia; a indeterminação e as camadas paralelas encontradas em uma obra são justamente o que viabiliza seu jogo. A incapacidade da linguagem de ser literal faz com que, metaforicamente, uma coisa só possa ser dita por meio de outra, e disso em parte resulta a impossibilidade de coincidência entre interioridade e exterioridade, ou melhor, a impraticabilidade de "coincidir consigo mesmo" (ibid., p.11) de um texto. Esse é um abismo sempre grifado nas ironias.

Pela metáfora e pela não coincidência é possível perceber como uma obra, dizendo uma coisa por meio de outra, dialoga também com o repertório em que se insere, fenômeno presente tanto no Beethoven tardio quanto em toda a arte. O resgate de técnicas e de procedimentos "antigos" nas suas últimas obras remete-as ao passado não de forma histórica, mas, sim, estabelecendo contiguidade com ele. No que se refere à importância temática e melódica, Dahlhaus chama a atenção para a rara circunstância de equivalência entre vozes de uma textura, existente em certas obras de Bach (como na quarta fuga, BWV849, em dó sustenido menor, do primeiro volume de *O cravo bem temperado*, 1722) e em alguns momentos dos últimos quartetos de Beethoven (op. cit., p.153) (fuga do primeiro movimento – *Adagio ma non troppo e molto espressivo* – do quarteto op.131, também em dó sustenido menor). A fuga das variações *Diabelli*, variação XXXII, é de estilo haendeliano, e a XXXI referese à XXV das variações *Goldberg* BWV988 (1742), de Bach. Nesse último caso, nota-se uma relação específica pela coincidência de gênero das peças. Rosen vê ligação ainda mais profunda entre essa obra de Beethoven e o repertório ao dizer que ela apresenta uma síntese da história das variações do século XVIII (op. cit., p.510).

São encontradas referências na fase tardia que beiram mesmo a citação. Na terceira parte da transição do primeiro movimento da Nona sinfonia (63-74), pode-se dizer que, quase do nada (apenas havendo uma sutil preparação pelas imitações na segunda parte), surge a textura contrapontística na obra. Analisando-se as semicolcheias, especialmente quando chegam aos primeiros violinos (68-70), percebe-se que o tema da fuga da conhecida *Tocata* BWV565 (composta antes de 1708), de Bach, é quase literalmente citado. A relação faz-se por excessivos pontos em comum, como (mais uma vez) tonalidade (ré menor), textura (contrapontística) e construção melódica (notas coincidentes). Além disso, o agrupamento de colcheias que ocorre nessa parte da transição (64 e 65) é nada menos que o esqueleto do início do referido tema de Bach. E não se deve pensar que esse agrupamento seja uma eventualidade; ele será fundamental até mesmo no *ostinato* da *coda* (513-531). Como outro exemplo, há em *Dona nobis pacem, Agnus Dei* da Missa *Solemnis*, a citação de *And He shall reign* do coro *Aleluia, Messias* HWV56 (1741), de Haendel. Além disso, nas próprias variações *Diabelli* se encontra pelo menos mais uma referência, a da variação XXII a *Notte e giorno faticar*, primeiro ato da ópera *Don Giovanni* KV527 (1787), de Mozart.

Voltando aos materiais composicionais, outro exemplo de ironia deveria ser mencionado. Aparecendo em outros movimentos da obra, uma figura abstrata está frequentemente presente no *finale* do quarteto op.127 em mi bemol maior (1825): quatro notas de mesmo valor rítmico, três indo numa direção, a outra (primeira ou última) compensando-as parcial ou integralmente. No segundo compasso desse movimento essa figura já aparece, mas, como tanto suas durações quanto a relação de suas alturas mudam, não é intensa sua notabilidade, o que permite que certa espontaneidade melódica se insinue. Entretanto, no fim da exposição, especialmente entre 92 e 97, ela se repete regularmente, pelos violinos, chamando a atenção. Nesse momento, vê-se o papel gerador do material por meio de seu estático isolamento, como no segundo movimento da op.110. Mais uma ironia vem em seguida: a sugestão de repetição da exposição mostra-se blefe no quinto compasso do desenvolvimento (101), mecanismo aproveitado também na sinfonia *Coral*.

Figura 10. Quarteto op.127, quarto movimento (92-96).

Ainda com relação aos limites da linguagem, mas num polo oposto ao da ironia, outro instrumental para abordar Beethoven é encontrado nas teorias do sublime. A face exotérica de sua obra, incluindo a carga estereotipada que tantas vezes a esta se junta, é a primeira associação: o heroísmo, o revolucionário, o titânico, o monumental. Entretanto, notando-se que em sua música o tratamento dos materiais promove com frequência a transfiguração (ou autossuperação) destes, percebe-se que igualmente sua face esotérica deve ser considerada.

Weiskel define o sublime como a capacidade do homem de, "no sentimento e no discurso, transcender o humano" (1994, p.17). É quase impossível não observar o paradoxo que a asserção constitui, ela própria exemplo do que define: aponta, por meio da linguagem e a despeito de suas limitações, algo que está além desta – uma construção que quer exceder (ou excede) suas próprias palavras.

Tanto a ironia quanto o sublime valem-se das ambiguidades. Entretanto, como diz Bloom, a intensificação excessiva destas destrói esse e cria aquela (1994, p.11). Apesar de ambos se relacionarem à linguagem – "respostas à fissura entre a palavra e a coisa, ou significado e significante" (Weiskel, op. cit., p.38) –, a polarização pode ser demonstrada por ser a ironia a ruína do discurso e o sublime o que está além dele.

Hertz aponta a partir de Longino (210-273) a importância da conexão entre pensamentos na edificação do sublime, formando-se, com isso, unidade (op. cit., p.25). Um forte traço assim se evidencia, sua tendência a manifestar-se menos nos detalhes individuais e mais nas coesões resultantes (não é provável, por exemplo, sua identificação em gesto musical isolado, como uma altura, uma dinâmica ou uma duração). É plena a afinidade entre esse raciocínio e a primazia do todo.

Um tipo de manifestação do sublime em Beethoven dá-se por meio da dificuldade – na *performance*, na fruição, na própria música em si. É bem documentado o quanto o compositor dava pouca atenção a queixas de intérpretes. As dificuldades na execução de suas obras nunca seriam limitadas a uma determinada formação instrumental ou a instrumentos específicos. Mais propriamente, fariam parte do caráter de sua escrita. Virtuosismo antes como base de pensamento, não como forma arbitrária de enunciação.

A ainda mais evidente dificuldade na fruição de suas composições – que inclui não só a escuta, mas aquilo que somente a contemplação da partitura revela – é comprovada pela análise musical. Como diz Rosen, a expansão desse campo deu-se historicamente por causa da música de Beethoven (op. cit., p.483), uma constante dificuldade para ele próprio (como atesta seu processo de composição). Em toda a sua produção, não há fruição mais desafiadora que a do período tardio.

A expressão mais importante de dificuldade ocorre, entretanto, no próprio interior de suas obras. Entre os procedimentos de transformação motívica, de organização temática e formal, entre os contrastes de dinâmica e de textura, há a plena expressão do sublime por duas razões, pelo menos. A primeira é a engenhosidade de construção, complexidade técnica, fundamental para Longino. A segunda é a agonia do processo: sua música de fato parece autogerar-se, mas com a custosa irreversibilidade das transformações. Um único exemplo abrange ambos os lados. Na sonata op.110, último movimento, comparando-se o *arioso dolente*, entre o compasso 9 e o 26, à sua transformação, *perdendo la forza, dolente*, entre o 116 e o 137, não é confortável pensar em recapitulação. O último *dolente* revela notável queda de fluência pela textura que se faz mais intricada e por elementos com função desintegradora, sugestivos de perda e – o que é bastante relevante – descaracterização. Esses elementos são as insistentes quebras e interrupções da melodia, assim como a estratégica esquivança dos pontos fortes do compasso.

Não apenas a dificuldade caracteriza o sublime em Beethoven, mas também a grandiosidade, o excesso e a potência. Nesses aspectos, as dinâmicas extremas (quando não a favor das ironias), as saturações contrapontísticas e as proporções formais são elementos ativos. Trata-se de uma dimensão mais explícita do sublime beethoveniano, ligada ao exoterismo que ganha força a partir da fase intermediária. Os exemplos são infindáveis.

Em alguns casos, o sublime do horror (Weiskel, op. cit., p.136) – grandiosidade, excesso e potência tornando-se ameaça – está envolvido. Inúmeras ocorrências podem ser mencionadas, como a fanfarra bélica no *Agnus Dei* da Missa *Solemnis* e a introdução da sonata op.111, para não mencionar neste momento a *Hammerklavier* e a Nona sinfonia. Uma manifestação talvez mereça destaque.

A sexta e última variação do terceiro movimento da sonata op.109 em mi maior (1820) apresenta um violento processo que envolve a estrutura original do tema e a textura. Por trás da linha melódica principal, há elementos insistentes que se intensificam progressivamente. Primeiro as semínimas, depois as colcheias, as semicolcheias, as fusas e finalmente os trinados contínuos. É mostrado, pouco a pouco, que a textura, e não o tema (nem qualquer esqueleto dele), rege a variação. Em dois momentos, ele é interrompido, e a variação entra em colapso, ficando a textura em primeiro plano.

No primeiro momento, partindo-se ao meio a estrutura temática original, insere-se um clímax (a partir da anacruse do 169). Nele, sobre um trinado no pentagrama inferior, arpejos normais (primeira metade do trecho) e quebrados (segunda) são traçados no pentagrama superior. O efeito é o rasgamento temático pelo grotesco transbordamento da textura, que se torna, ela, tema. Quando o tema real retorna (a partir do 177), enunciado então apenas nos contratempos, ela torna-se menos ruidosa, porém ainda saturada (além do trinado, agora algumas oitavas acima, há também fusas em grau conjunto).

Ela assume novamente o controle um compasso antes do fim do tema, cortando-o novamente e permanecendo em destaque por mais quatro compassos (184-188), num segundo colapso. Neste, nota-se que a aparente melodia não passa de fragmentações. Paralelamente, há uma dissolução marcada pelo declínio dos elementos do pentagrama superior e pelo *diminuendo*.

O último compasso temático nunca é ouvido junto à textura impositiva, fato dos mais impressionantes do trecho. Após a partida dela, o tema recomeça em estado quase primordial, e desta vez seu fim é apresentado, terminando a obra.

2
A SINFONIA CORAL

Sendo a Nona sinfonia de Beethoven uma das criações mais comentadas da História da Música, não se poderia considerar tarefa viável separá-la da sua própria reputação, dos incontáveis comentários que a envolveram (muitos voltados para divergentes fins ideológicos, políticos ou sociais) e das suas diversas formas de utilização. Justo por isso, tratar da história da obra e do que sobre ela se escreveu constitui início praticamente incontornável.

Num importante momento do século XX, a queda do muro de Berlim, lá estava, mais uma vez, a Nona sinfonia, na celebração do natal berlinense de 1989, sob a regência de Leonard Bernstein (1918-1990), com *Freiheit* (liberdade) no lugar de *Freude* (alegria) no texto de Schiller.[1] Em junho do mesmo ano, seu *finale* tocava nos alto-falantes dos estudantes chineses, no conflito com os soldados em Pequim (Levy, op. cit., p.5). Em 1942, Furtwängler (1886-1954)

---

1 Nasce no século XIX a suposição nunca comprovada de que *An die Freude* de Schiller originalmente se referiria à liberdade, e não à alegria (a troca entre as duas palavras hipoteticamente evitaria problemas com a censura). A primeira alusão à questão possivelmente se dá na novela *Das Musikfest oder die Beethovener* (*O festival musical dos beethovenianos*), de Wolfgang Robert Griepenkerl (1810-1868), publicada em 1838 (cf. Cook, op. cit., p.94).

a regia em homenagem a Hitler (ibid., p.16). Vinte e sete anos antes, durante a Primeira Guerra Mundial, Camille Mauclair (1872-1945) dizia que ela pertencia a todo o mundo, menos à Alemanha (Cook, op. cit., p.95)...

Não é possível enumerar o quanto a sinfonia *Coral* (especialmente seu último movimento) foi trivializada em comerciais, programas, *shows*, versões e ocasiões "especiais" que fizeram dela espécie de sublime do *kitsch*. Entre ela e quem a ouve sempre se encontra essa imensa camada de uso e desgaste, tirando-lhe, tão frequentemente, a possibilidade de ser o que objetivamente é: a sinfonia em ré menor de Beethoven cujo último movimento se vale de vozes e de um poema de Schiller. E, sobre as vozes, não se pode deixar de mencionar que Peter von Winter (1754-1825) já as havia utilizado anteriormente em sua sinfonia *da Batalha* (1814).

Richard Wagner (1813-1883) viu na sinfonia *Coral* o programa da busca da alegria (Levy, op. cit., p.162), interpretação que estabelecia no *finale* o centro gravitacional da obra e que, além disso, justificava a própria estética wagneriana, grifando o antagonismo entre as músicas absoluta e verdadeira, a segunda – naturalmente a dele – originada do drama grego (Dahlhaus, 1991, p.19-20). O termo "música absoluta", a propósito, nasceu na exegese de Wagner da Nona, feita para a apresentação regida por ele em 1846.

Presencia-se nesse processo uma articulação do que Bloom chamou de *clinamen* (1991, p.43), a desleitura do artista anterior por um artista "forte" (termo certamente adequado a Wagner). Entretanto, a despeito das interpretações pós-wagnerianas de Beethoven que sem dúvida subsistiram por muitas décadas, nem mesmo a força artística de um Wagner conseguiu fazer daquele, e mais especificamente da Nona sinfonia, seu prenúncio, no sentido no qual uma obra antecedente fica irreversivelmente impregnada pela arte de um artista posterior, considerado notavelmente por Eliot, Borges e Bloom (cf. apresentação e bibliografia). Brahms (1833-1897), não menos "forte" que Wagner, tampouco foi além deste nesse sentido. Para que o fluxo da influência não fosse invertido, contribuíram duas ordens específicas de "Nonas sinfonias" de Beethoven, aquelas cujo modernismo disfarçou-se de fidelidade ao texto, uma delas a de Arturo Toscanini (1867-1957), e aquelas outras da tradição da chamada interpretação de época, dentre as quais a de John Eliot Gardiner (1943) constitui importante exemplo.

Wagner evidentemente não foi o único no século XIX a procurar programas musicais ocultos. No periódico *Caecilia*, numa resenha relativamente próxima do nascimento da sinfonia (1828), Franz Joseph Fröhlich (1780-1862) disse que a estrutura da composição era essencialmente simples: um movimento em larga escala de ré menor a ré maior. Além disso, propôs um programa baseado na vida do compositor, segundo o qual a obra trataria da superação do sofrimento pela alegria. O primeiro movimento simbolizaria a luta de Beethoven contra a surdez; o segundo e o terceiro, diferentes aspectos da busca da alegria; o *finale*, o triunfo (Cook, op. cit., p.70). Hoje em dia, talvez o maior desconforto que uma abordagem dessas cause seja o fato de realmente ter sido escrita por um especialista.

Textos dessa natureza, inaceitáveis para a musicologia mais recente, eram também incômodos para Eduard Hanslick, rival de Wagner, amigo de Brahms e representante do formalismo na segunda metade do século XIX. Hanslick criticava a insuficiente atenção dada puramente à música, substituída pelo foco nos sentimentos relacionados a ela. Entendendo o belo esteticamente como um objetivo em si, abstrato e intrínseco, "pura forma" (op. cit., p.16), ele, dentre tantas outras maneiras, ataca por meio de uma nota sobre a Nona sinfonia essa "escola de crítica musical que, quando questionada se uma música é bela, adora esquivar-se, elucubrando profundamente sobre o que ela significa" (ibid., p.175-6).

A obra, dedicada ao Rei Frederico Guilherme III da Prússia (1770-1840), teve sua estreia em Viena, regida por Michael Umlauf (1781-1842) na *Akademie* de 7 de maio de 1824. Desde então, proliferaram comentários de concerto e outros textos que de um lado viam no último movimento um ponto fraco e de outro o justificavam cuidadosamente. Por mais surpreendentes que sejam tais juízos diversos e discordâncias sobre a sinfonia *Coral* hoje, eles justamente marcaram a peça na sua época. Se em Viena críticas eram convergentes apenas quanto às dificuldades de execução e falhas dos executantes, em Londres comentários dispostos a poupar a Nona só surgiriam a partir de 1835 (Levy, op. cit., p.148-55).

Apesar de a estreia ter sido em Viena[2] (entre outras razões por um pedido público feito a Beethoven, assinado por dezenas de admiradores), Londres, onde a obra estreou apenas em 21 de março de 1825, foi fundamental para o nascimento da sinfonia. Em julho de 1822, Beethoven escreveu a Ferdinand Ries (1784-1838), ex-aluno e membro da Sociedade Filarmônica de Londres, tocando na ideia (existente desde 1817) de compor, para a Sociedade, uma sinfonia. Os diretores da Sociedade, em resposta, ofereceram-lhe cinquenta libras pela composição. Ele as aceitou em dezembro do mesmo ano.

Alguns comentadores (Thayer, Nottebohm) concluíram que Beethoven, em certa altura do processo, teve planos para duas sinfonias, uma com *finale* vocal, outra com instrumental. Cook (op. cit., p.13-7) demonstra que, se em determinado momento houve simultaneamente planos para uma Nona e para uma Décima, isso foi tãosomente no estágio das meras possibilidades, não passando a história de um exagero cuja predisposição à aceitação residiria, segundo o autor, na encruzilhada dos dois grandes polos musicais da segunda metade do século XIX que as duas composições simbolizariam: Wagner e Brahms.

Baseando-se em outros fatos, há entretanto um cruzamento a mencionar: a sinfonia *Coral* é resultado da fusão de pelo menos dois projetos de Beethoven. O primeiro, existente desde 1792, era musicar *An die Freude*[3] de Schiller. O segundo era uma sinfonia em ré menor, relacionado justamente à possibilidade de comissionamento pela Sociedade Filarmônica de Londres, compelindo-o a trabalhar já em 1817 (encontrando-se anteriormente, num esboço de 1815, um vestígio isolado do tema do *scherzo*). A união de ambos ocorreu no fim

---

2 Berlim e Londres também foram consideradas.
3 Utilizar-se-á *An die Freude* (e não *Ode à alegria*) quando se estiver tratando especificamente do texto de Schiller, independentemente da sinfonia. Deve-se notar que Schiller não o chamou originalmente de ode.

de 1822, quando finalmente foi acertado o acordo com a Sociedade (Levy, op. cit., p.18).

Todos os movimentos da sinfonia *Coral* relacionam-se a materiais anteriores a 1823, não sendo evidente quando entraram precisamente na composição. Beethoven provavelmente terminou o primeiro movimento no início do verão de 1823, o segundo no fim, o terceiro no outono e o quarto em fevereiro de 1824. Apesar da ordem sucessiva, ele eventualmente trabalhou detalhes de um movimento enquanto o foco principal era outro. Pode parecer surpreendente, mas o tema do *finale*, a despeito de sua aparente naturalidade, deu-lhe bastante trabalho, encontrando-se diversas versões dos seus últimos oito compassos nos rascunhos. Em outubro de 1822, pelo menos, sua melodia já fora projetada (Solomon, 1988, p.17).

An die Freude de Schiller foi escrita em 1785 e publicada no ano seguinte. Uma revisão surgiu em 1803, reduzindo o texto e tornando-o menos explicitamente político. Nela, versos que Beethoven outrora planejara musicar, como "Mendigos tornam-se irmãos de príncipes",[4] foram extraídos. Se a base para o quarto movimento foi a versão de 1803, ainda assim, no solo de tenor, o compositor preferiu *laufet*, da versão de 1785, a *wandelt*, da de 1803.

Geselliges Lied (ou canção social) é a categoria poética do século XVIII à qual *An die Freude* de Schiller pertence. Segundo Levy, "o autor de uma *geselliges Lied* espera que seu poema seja cantado por um grupo de amigos com copos na mão", o que justifica o caráter do texto e suas divisões estruturais (op. cit., p.8). Beethoven usou pouco mais de um terço dos versos que constituem a versão de 1803, alterando a ordem e acrescentando pequena introdução feita por ele próprio. Para Cook, as seleções de versos e as reordenações propiciam "contínua linha de desenvolvimento do terreno ao divino" (op. cit., p.106). Levy diz que os versos escolhidos concentram-se nas manifestações sacras e seculares da alegria (op. cit., p.13). Solomon, por sua vez, afirma que o compositor, apesar de sua aversão ao des-

---

4 *Bettler werden Fürstenbrüder.*

potismo, "preferiu ignorar os sentimentos antitirânicos de Schiller", também omitindo, no entanto, versos que faziam de *An die Freude* "uma animada *Trinklied*" (canção de beber) (1987, p.416).

Segunda versão do texto de Schiller, publicada em 1803:

An die Freude	À alegria
Freude, schöner Götterfunken,	Alegria, bela centelha divina,
Tochter aus Elysium,	Filha de Elísio,
Wir betreten feuertrunken,	Adentramos embriagados de fogo,
Himmlische, dein Heiligtum.	Divino, vosso santuário.
Deine Zauber binden wieder,	Vosso mágico poder reúne
Was die Mode streng geteilt;	O que o costume com rigor dividiu;
Alle Menschen werden Brüder,	Todos os homens tornam-se irmãos
Wo dein sanfter Flügel weilt.	Onde vossas asas gentis permanecem.
Chor	Coro
Seid umschlungen, Millionen!	Sede abraçados, Milhões!
Diesen Kuss der ganzen Welt!	Este beijo para o Mundo todo!
Brüder – überm Sternenzelt	Irmãos – sobre o Céu estrelado
Muss ein lieber Vater wohnen.	Deve morar um Pai amoroso.
Wem der große Wurf gelungen,	Quem quer que tenha sido afortunado,
Eines Freundes Freund zu sein,	Que seja amigo de um amigo,
Wer ein holdes Weib errungen,	Que tenha conquistado uma querida esposa,
Mische seinen Jubel ein!	Traga seu Júbilo!
Ja – wer auch nur eine Seele	Sim – quem quer que uma alma
Sein nennt auf dem Erdenrund!	Possa chamar de sua na Terra!
Und wer's nie gekonnt, der stehle	E quem nunca pôde que se retire
Weinend sich aus diesem Bund!	Em prantos desta confraria!
Chor	Coro
Was den großen Ring bewohnet,	Que os presentes no grande círculo
Huldige der Sympathie!	Celebrem a simpatia!
Zu den Sternen leitet sie,	Ela conduz às estrelas,
Wo der Unbekannte thronet.	Onde o Desconhecido é entronizado.

A NONA SINFONIA E SEU DUPLO 45

Freude trinken alle Wesen
An den Brüsten der Natur,
Alle Guten, alle Bösen
Folgen ihrer Rosenspur.
Küsse gab sie uns und Reben,
Einen Freund, geprüft im Tod;
Wollust ward dem Wurm gegeben,
Und der Cherub steht vor Gott.

Alegria todos os seres bebem
Dos seios da Natureza,
Todos os bons, todos os maus
Seguem sua trilha rósea.
Beijos nos deu e vinha,
Um amigo, provado até na morte;
Êxtase foi dado mesmo ao verme,
E o Querubim põe-se perante Deus.

Chor

Coro

Ihr stürzt nieder, Millionen?
Ahnest du den Schöpfer, Welt?
Such' ihn überm Sternenzelt,
Über Sternen muss er wohnen.

Vós vos prostrais, Milhões?
Pressentis o Criador, Mundo?
Procurai-O acima do Céu estrelado,
Sobre os astros Ele deve morar.

Freude heißt die starke Feder
In der ewigen Natur.
Freude, Freude treibt die Räder
In der großen Weltenuhr.
Blumen lockt sie aus den Keimen,
Sonnen aus dem Firmament,
Sphären rollt sie in den Räumen,
Die des Sehers Rohr nicht kennt.

Alegria chama-se a forte mola
Na eterna Natureza.
Alegria, alegria impele a rotação
Do mecanismo universal.
Flores ela atrai dos brotos,
Sóis, do firmamento,
Esferas ela gira na imensidão,
Desconhecida à lente do observador.

Chor

Coro

Froh, wie seine Sonnen fliegen
Durch des Himmels prächt'gen Plan,
Wandelt, Brüder, eure Bahn,
Freudig wie ein Held zum Siegen.

Alegremente, voando como os astros
Pelo esplêndido firmamento do Céu,
Transformai, irmãos, vossos caminhos,
Contentes como um herói diante da vitória.

Aus der Wahrheit Feuerspiegel
Lächelt sie den Forscher an.
Zu der Tugend steilem Hügel
Leitet sie des Dulders Bahn.
Auf des Glaubens Sonnenberge
Sieht man ihre Fahnen wehn,
Durch den Riss gesprengter Särge
Sie im Chor der Engel stehn.

Do espelho ígneo da Verdade
Ela sorri a quem busca.
Ao íngreme monte da Virtude
Ela dirige o caminho do desafortunado.
No topo da ensolarada montanha da Crença
São vistas suas bandeiras tremulando,
Da fenda dos caixões escancarados
Ela é vista de pé no coro dos anjos.

Chor

Duldet mutig, Millionen!
Duldet für die bess're Welt!
Droben überm Sternenzelt
Wird ein großer Gott belohnen.

Göttern kann man nicht vergelten,
Schön ist's, ihnen gleich zu sein.
Gram und Armut soll sich melden,
Mit den Frohen sich erfreun.
Groll und Rache sei vergessen,
Unserm Todfeind sei verziehn,
Keine Träne soll ihn pressen,
Keine Reue nage ihn.

Chor

Unser Schuldbuch sei vernichtet!
Ausgesöhnt die ganze Welt!
Brüder – überm Sternenzelt
Richtet Gott, wie wir gerichtet.

Freude sprudelt in Pokalen,
In der Traube goldnem Blut
Trinken Sanftmut Kannibalen,
Die Verzweiflung Heldenmut.
Brüder, fliegt von euren Sitzen,
Wenn der volle Römer kreist,
Lasst den Schaum zum Himmel spritzen:
Dieses Glas dem guten Geist!

Chor

Den der Sterne Wirbel loben,
Den des Seraphs Hymne preist,
Dieses Glas dem guten Geist,
Überm Sternenzelt dort oben!

Coro

Perseverai bravamente, Milhões!
Perseverai em nome do melhor Mundo!
Lá sobre o Céu estrelado
Um Deus maior gratificar-vos-á.

Aos Deuses não se pode retribuir,
Belo é ser como eles.
Aflição e miséria devem se apresentar,
Regozijando-se com os venturosos.
Que ira e vingança sejam esquecidas,
Nosso inimigo mortal perdoado,
Lágrima nenhuma deve oprimi-lo,
Remorso algum o devorar.

Coro

Que nosso livro de culpa seja destruído!
Reconciliado todo o Mundo!
Irmãos – sobre o Céu estrelado
Deus julga, como nós julgamos.

Alegria borbulha em taças,
No sangue dourado das uvas
Canibais bebem brandura,
Desespero, a coragem heroica.
Irmãos, voai de vossos lugares
Quando a taça cheia circular,
Deixai que a espuma chuvisque no Céu:
Este copo ao bom espírito!

Coro

Os redemoinhos de estrelas o louvam,
O hino dos serafins o exalta,
Este copo ao bom espírito
Sobre o Céu estrelado lá acima!

A NONA SINFONIA E SEU DUPLO   47

Festen Mut in schwerem Leiden,
Hilfe, wo die Unschuld weint,
Ewigkeit geschwornen Eiden,
Wahrheit gegen Freund und Feind,
Männerstolz vor Königsthronen,
Brüder, gält es Gut und Blut!
Dem Verdienste seine Kronen,
Untergang der Lügenbrut!

Firme coragem nas fortes adversidades,
Amparai onde inocência lacrimejar,
Eternidade aos juramentos,
Verdade ao amigo e ao inimigo,
Orgulho dos homens diante de tronos reais,
Irmãos, mesmo custando bens e sangue!
Aos méritos suas coroas,
À corja de mentirosos a ruína!

Chor

Coro

Schließt den heil'gen Zirkel dichter,
Schwört bei diesem goldnen Wein,
Dem Gelübde treu zu sein,
Schwört es bei dem Sternenrichter!

Fechai o círculo sagrado,
Jurai por este vinho dourado
Fidelidade à promessa,
Jurai ao Juiz das estrelas!

Texto usado no *finale*:

O Freunde, nicht diese Töne!
Sondern lasst uns angenehmere anstimmen,
Und freudenvollere![5]

Ó amigos, chega desses sons!
Entoemos algo mais agradável,
E repleto de alegria!

I

I

Freude, schöner Götterfunken,
Tochter aus Elysium,
Wir betreten feuertrunken,
Himmlische, dein Heiligtum.
Deine Zauber binden wieder,
Was die Mode streng geteilt;
Alle Menschen werden Brüder,
Wo dein sanfter Flügel weilt.

Alegria, bela centelha divina,
Filha de Elísio,
Adentramos embriagados de fogo,
Divino, vosso santuário.
Vosso mágico poder reúne
O que o costume com rigor dividiu;
Todos os homens tornam-se irmãos
Onde vossas asas gentis permanecem.

II

II

Wem der große Wurf gelungen,
Eines Freundes Freund zu sein,

Quem quer que tenha sido afortunado,
Que seja amigo de um amigo,

---

5   Esses primeiros versos são de Beethoven.

48 DANIEL BENTO

Wer ein holdes Weib errungen,
Mische seinen Jubel ein!
Ja, wer auch nur eine Seele
Sein nennt auf dem Erdenrund!
Und wer's nie gekonnt, der stehle
Weinend sich aus diesem Bund!

Que tenha conquistado uma querida esposa,
Traga seu Júbilo!
Sim, quem quer que uma alma
Possa chamar de sua na Terra!
E quem nunca pôde que se retire
Em prantos desta confraria!

III

Freude trinken alle Wesen
An den Brüsten der Natur;
Alle Guten, alle Bösen
Folgen ihrer Rosenspur.
Küsse gab sie uns und Reben,
Einen Freund, geprüft im Tod;
Wollust ward dem Wurm gegeben,
Und der Cherub steht vor Gott.

III

Alegria todos os seres bebem
Dos seios da Natureza;
Todos os bons, todos os maus
Seguem sua trilha rósea.
Beijos nos deu e vinha,
Um amigo, provado até na morte;
Êxtase foi dado mesmo ao verme,
E o Querubim põe-se perante Deus.

IV

Froh, wie seine Sonnen fliegen,
Durch des Himmels prächt'gen Plan,
Laufet, Brüder, eure Bahn,
Freudig wie ein Held zum Siegen.

IV

Alegremente, voando como os astros,
Pelo esplêndido firmamento do Céu,
Percorrei, irmãos, vossos caminhos,
Contentes como um herói diante da vitória.

V

Seid umschlungen, Millionen!
Diesen Kuss der ganzen Welt!
Brüder! überm Sternenzelt
Muss ein lieber Vater wohnen.
Ihr stürzt nieder, Millionen?
Ahnest du den Schöpfer, Welt?
Such' ihn überm Sternenzelt!
Über Sternen muss er wohnen.[6]

V

Sede abraçados, Milhões!
Este beijo para o Mundo todo!
Irmãos! sobre o Céu estrelado
Deve morar um Pai amoroso.
Vós vos prostrais, Milhões?
Pressentis o Criador, Mundo?
Procurai-O acima do Céu estrelado!
Sobre os astros Ele deve morar.

---

6 O autor gostaria de fazer um agradecimento adicional à professora Maria Lúcia Pimenta Vaz por suas ricas sugestões envolvendo a tradução dos textos em alemão.

É inegável que o *finale* da Nona, em parte pelo seu ineditismo, tenha atraído mais atenção do que os outros movimentos. Entretanto, talvez seja tão importante quanto a presença do canto no último movimento justamente a ausência dele nos primeiros três. Já se disse sobre essa sinfonia que, se comparada a uma escultura, seria como um corpo em mármore cuja cabeça, e apenas ela, tivesse cor (Hanslick, op. cit., 176). Claro que há exagero nessa afirmação de David Strauss (1808-1874), publicada em 1855 no *Augsburger Allgemeine Zeitung*. Muitas obras anteriores à Nona apresentam mudanças de formação de um movimento para o outro, bastando como exemplos a Quinta e a Sexta sinfonias. Strauss ignora, além disso, o grande poder de unificação do *finale* da op.125, no mínimo assegurado pelas recapitulações dos movimentos anteriores. Contudo, sua declaração ilustra o quanto o último movimento se prestou a ser não apenas o grande acerto, mas também o inaceitável excesso. Como efeito colateral da queda da ideia de excesso, os três primeiros movimentos da obra frequentemente foram reduzidos a meras preparações do *finale*.

Um fenômeno desses é incomum, geralmente a atenção se volta para os primeiros movimentos das obras, processo igualmente desconfortável para qualquer composição que possa ser mais do que simplesmente *highlights* e sobras. Burnham (op. cit., p.56) vê não uma justificativa para o foco voltado para os movimentos iniciais clássicos, mas uma explicação: eles constituem a noção fundamental que se tem do classicismo. Nesse caso, discutem-se relativamente menos os outros justamente porque o maior instrumental analítico (as lentes) vem dos iniciais, que com frequência tendem à cumulação, à coesão interna intensa e à fluência. Os movimentos intermediários comumente estabelecem um apaziguamento discursivo (tanto os lentos quanto mesmo os rápidos *scherzi* ou danças), em parte pela rítmica em maior escala que neles se forma, que pode parecer estática se abordada pela teleologia dos de abertura. O mesmo vale para os últimos movimentos, que, segundo Rosen, refletem maior soltura e relaxamento (op. cit., p.440). O fluxo para a frente é simplesmente menos comum neles, num sentido genérico.

Com isso, justifica-se o relaxamento (fraseológico, métrico e formal) que o *finale* da Nona sinfonia demonstra, entendido como incoerência por alguns comentadores na época. A afirmação de que seria mais impressionante se mais conciso (Cook, op. cit., p.38), encontrada numa crítica no geral positiva de 1824 (de um correspondente do *Allgemeine musikalische Zeitung*), aparentemente revela uma visão não muito clássica de último movimento – nem impressividade nem concisão são necessariamente fundamentos indispensáveis de um *finale* dessa natureza. Torna-se então importante a noção de que, afinal, Beethoven já era na década de 1820 o representante de um estilo respeitado, mas antiquado, mesmo com todas as transformações que sua escrita revelava. Gioachino Antonio Rossini (1792-1868) era a última palavra em ópera, compositores como Ignaz Ritter von Seyfried (1776-1841), Joseph Mayseder (1789-1863) e Franz Gläser (1798-1861) estavam frequentemente nos programas de concerto de Viena em 1824, quando então faltavam apenas cinco anos para Fryderyk Franciszek Chopin (1810-1849) começar a compor seus estudos para piano op.10. Em outras palavras, o tempo do classicismo havia passado.

Impressividade e concisão, entretanto, seriam fartamente encontradas no primeiro movimento da op.125.

Primeiro movimento

Tabela 1

Grande seção	Natureza estrutural/subdivisões básicas	Harmonia[7]
Exposição (1-162)	Formação do 1º grupo temático: "a" (1-17)	lá/ré
	1º grupo temático (17-36)	1º fragmento: "a", "a_b" e "b" (do 17 ao primeiro tempo do 21)	ré menor

---

7 Apresentam-se aqui somente as harmonias nas quais os trechos se centram ou aquelas nas quais têm início e fim.

Continuação

		2º fragmento (21-24)	ré menor
		3º fragmento: "c" e "c$_b$" (do 24 ao primeiro tempo do 27)	ré menor
		Extensão: "a$_c$" e "c$_c$" (27-36)	ré menor
	Transição (35-80)	1ª parte (formação): "a" (35-51)	ré/si bemol maior
		2ª parte (1º fragmento do 1º grupo temático e progressão relacionada): "a", "a$_b$" e "b" (51-63)	si bemol maior/ sol sustenido diminuto com sétima
		3ª parte: "c", "c$_b$", "c$_{2b}$" e 2º fragmento do 1º grupo (63-74)	lá maior/fá maior com sétima
		4ª parte: Ode à alegria (74-80)	si bemol maior
	2º grupo temático (80-162)	1º tema: "d", "e", "c$_c$" e "a$_c$" (80-92)	si bemol maior
		2º tema: "c$_d$" e "c$_{2d}$" (92-102)	si bemol maior
		3º tema: "a$_c$", "c$_c$" e "d$_b$" (102-150)	si bemol maior
		4º tema: "a$_c$" e "a" (150-162)	si bemol maior/lá
Desenvolvimento (162-301)		Pseudoformação, 1º grupo temático e conclusão da exposição: "a", "a$_b$", "d$_b$", "a$_c$", "b" e "c$_{2d}$" (162-218)	lá/sol maior com sétima e nona
		Episódio macroscópico sobre "b": "b", "b$_b$" e "a" (218-275)	dó menor/ lá menor
		1º tema do 2º grupo temático: "d" e "e" (275-287)	lá menor/ dó maior com sétima

Continuação

		Retransição: "b" (287-301)	fá maior/ lá maior com sétima e nona
Reexposição (301-427)	Formação (301-315)		ré maior/si bemol maior com sétima
	1º grupo temático (315-339)	1º fragmento (315-323)	ré menor
		2º fragmento (323-326)	ré menor
		3º fragmento (do 326 ao primeiro tempo do 329)	ré menor
		Extensão (329-339)	ré menor
	Transição (339-345)	Ode à alegria	ré maior
	2º grupo temático (345-427)	1º tema (345-359)	ré menor
		2º tema (359-369)	ré menor
		3º tema (369-419)	ré menor
		4º tema (419-427)	ré menor
Coda (427-547)		1ª parte (1º fragmento do 1º grupo temático): "a", "b" e "d_b" (427-453)	ré menor
		2ª parte (2º, 3º e 4º temas do 2º grupo temático): "c_d", "c_{2d}" e "a_c" (453-469)	ré menor
		3ª parte: "b" e "b_b" (469-495)	ré maior/ ré menor
		4ª parte (2º tema do 2º grupo temático – início da 2ª parte da *coda*): "c_d" e "c_{2d}" (da anacruse do 495 ao 505)	ré menor
		5ª parte: "b" e desenvolvimento (505-513)	ré menor

Continuação

6ª parte: *ostinati*, "c$_b$" e "c$_{2b}$" (513-531)	ré menor
7ª parte: "b" e pedal de ré (531-539)	ré menor
8ª parte (1º fragmento do 1º grupo temático): "a", "a$_b$" e "b" (539-547)	ré menor

Talvez seja impossível escolher melhor exemplo daquilo que Adorno considerou ser, em Beethoven, a fala da tonalidade (op. cit., p.129). Poder-se-ia pensar, quem sabe, até mesmo na fala do sistema tonal. Afinal, sobre este, o compositor faz ensaio – o primeiro movimento da Nona – que dá a impressão de ter sido escrito pelo seu próprio assunto. Para comentá-lo, melhor seria um único, gigantesco e, no fim, impraticável parágrafo. Mesmo sofrendo alterações de fluxo (e labirínticas referências a si próprio), ele é absolutamente contínuo. Uma estrutura leva à outra, nenhuma delas realmente fechada em si, como num imenso desenvolvimento. O único fechamento profundo ocorre, em verdade, no último compasso. Segmentá-lo em partes de forma-sonata, com exposição (1-162), desenvolvimento (162-301), reexposição (301-427) e *coda* (427-547), procedimento em si válido e necessário (mais do que nunca meio, não fim), não deixa de patentear um desconforto: a teleologia parece finalmente apagar a possibilidade de "objeto" formal, preservando processo, sucessão, curso, tempo.

Neste momento, a questão polêmica das indicações metronômicas na obra beethoveniana tem que ser lembrada. De um lado, interpretações frequentemente as ignoram, justificando-se licitamente nas suas dificuldades (e às vezes na viciada suposição de que os metrônomos de Beethoven tivessem defeito ou que ele se equivocara). Do outro, há declarações do próprio compositor que demonstram grande preocupação com tais indicações e, mais do que isso, a elas conferem papel fundamental mesmo na recepção de sua arte. Ele escreve à editora Schott, em 1826:

> Muito breve, ser-lhes-ão enviadas as indicações metronômicas. Não deixem de esperar por elas. No nosso século, essas indicações são sem dúvida necessárias. Além disso, tenho recebido cartas de Berlim informando-me de que a primeira apresentação da sinfonia [Nona] foi recebida com aplauso entusiástico, que atribuo em grande parte às indicações metronômicas. (Coldicott, 1996, p.322-3)

Em muitas outras oportunidades, Beethoven demonstrou preocupação com essa questão. O primeiro movimento da Nona, de fato, tem seu fluxo para a frente obscurecido e portanto seu próprio caráter comprometido à medida que seu andamento é reduzido (o mesmo acontece com a *Hammerklavier*, como discutido adiante). As seções "A" e principalmente o episódio central do terceiro movimento muito dependem também do andamento para se tornarem mais claros. Nesses dois casos, as coesões fraseológica e celular (respectivamente) são fundamentais, favorecidas pelos tempos indicados pelo compositor, mais fluentes do que os habitualmente encontrados nas interpretações.

Os compassos iniciais da sinfonia se valem da quinta justa (vertical, arpejada ou invertida) para a *formação* do primeiro grupo temático do primeiro movimento. Não se trata em hipótese alguma de uma introdução, experimenta-se a aglomeração de elementos e fragmentos. Sem a presença de nenhuma dissonância estrita, a textura que se adensa em si forma (pouco a pouco) a dissonância. A maior tensão do trecho é atingida a partir do compasso 15, a quinta justa lá-mi é substituída pela ré-lá, as duas separadas por um breve momento em que apenas a nota lá se apresenta (funcionando como pivô). A relação tonal entre essas duas quintas sempre ouvidas durante a afinação da orquestra é evidente: tônica e dominante. A análoga à tônica, ré-lá, não surge no tempo forte (fagotes e parte das trompas atingem antecipadamente[8] ré na segunda metade do primeiro tem-

---

8 Antecipadamente em relação ao compasso 17.

po, obscurecendo a sensação de mudança harmônica e o compasso binário). Ironicamente, aumenta a tensão ao invés de diminuí-la, tornando-se, num certo sentido, dominante (expandindo-se esse termo para qualquer estrutura harmônica que crie necessidade de resolução). Quando o *fortissimo* finalmente é apresentado, o efeito é de alívio, o processo dos primeiros 16 compassos acabou e seu produto manifesta-se sem nenhuma sutileza: o primeiro grupo temático (que inicialmente lembra um fragmento da introdução de outra obra em ré, porém maior, a sinfonia n.2 op.36,[9] terminada em 1802).

Neste início, um padrão de quatro compassos é feito, com sucessões descendentes de um elemento melodicamente descendente, "a" (o primeiro "a" faz a relação quinta-fundamental;[10] o último "invade" o próximo grupo de quatro compassos). O padrão é reformulado, com as sucessões de "a" começando melodicamente uma quarta acima (o primeiro "a" faz fundamental-quinta). Entre 9 e 13 há aceleração melódica, e entre 13 e 15, alteração rítmica e acréscimo de nota antecedente (com *staccato*) em relação a "a". Nos dois compassos seguintes (15-17), com a citada transição harmônica no 15, "a" (já alterado) é transformado em oitavas; os fragmentos aproximam-se, num processo de intensificação.[11] Conforme a interpretação, as quiálteras de apoio (segundos violinos e violoncelos) fundem-se ou distinguem-se.

---

9 Compasso 23.
10 Pensando-se aqui numa harmonia de lá (sem terça).
11 É interessante a existência, antes mesmo da aparição do primeiro grupo temático, de uma atividade tecnicamente comparável àquela que se tem com padrão (no caso, compassos 1-5), sequência (5-9), condensação (9-13, 13-15) e liquidação (15-17). As diferentes circunstâncias, entretanto, geram inesperada expressão discursiva. É exemplificada dessa maneira a conhecida habilidade de Beethoven de surpreender não necessariamente pelo intrinsecamente novo, mas por aplicações incomuns de processos de outra forma até mesmo triviais.

Figura 11. Elemento melódico "a" (2-5).[12]

Figura 12. Alteração de "a" e acréscimo de nota antecedente (13-14).

O primeiro grupo temático (17-36) é composto de três fragmentos irregulares e uma extensão.[13] No primeiro fragmento, de quatro compassos (do 17 ao primeiro tempo do 21), o *tutti* estabelece um bloco de oitavas de registro imenso (apenas tímpanos, trompetes e parte das trompas não se sujeitam a esse bloco). Os motivos "a" estão agora conectados de maneira a construir uma linha coesa, nela sofrendo variação: "a_b" (duas últimas fusas do 18 e semínima do 19). O segundo fragmento, durando três compassos (21-24), é de caráter cadencial. Estabelece tônica, dominante, tônica, subdominante e dominante da subdominante (um inesperado ré maior). O compasso 24 dá início ao terceiro fragmento (do 24 ao primeiro tempo do 27), com a subdominante (24) seguida pela sua submediante (mi bemol maior, 24 ainda) e por um acorde diminuto (dó sustenido, 27). Os compassos 27 e 28 iniciam a extensão (27-36) e formam um padrão na dominante com contrastes internos de dinâmica, vindo a sequência na tônica, 29 e 30. Entre 31 e 36, compõe-se uma liquidação, passando pela dominante com sétima e nona, por um acorde diminuto com sétima sobre a sensível da dominante (32) e pela dominante com a sexta e a quarta no lugar da quinta e da terça (ou tônica em segunda inversão), resolvida diretamente na tônica perfeita.

---

12 Apresenta-se aqui redução simplificando diferenças de registro.
13 Seria aceitável que se abordasse o primeiro grupo temático como sendo simplesmente o primeiro tema. Entretanto, a separação por fragmentos (decerto distintos) favorece a clareza da análise.

A NONA SINFONIA E SEU DUPLO   57

O compasso 19, o 20 e a primeira nota do 21 constituem "b" (cujas duas últimas notas sugerem "a"). Do 24 ao começo do 27, identifica-se "c" nos primeiros violinos (com o fragmento motívico "c_b" no 26). Trompetes e tímpanos introduzem "a_c" e "c_c", 27 e 29.[14] A figuração dos primeiros violinos no 34 e no 35 terá aproveitamento entre o 132 e o 138, bem como entre o 401 e o 407.

Figura 13. Primeiro grupo temático (16-27).

Figura 14. Motivos complementares (29-30).

A chegada do baixo da harmonia a ré no compasso 35 é no mínimo estranha, pois os primeiros violinos e as violas só concluem suas linhas meio compasso depois. A perda de sincronia desfaz a organização temática e justifica a nova formação que se segue. Esta (35-51), agora da segunda afirmação temática, se faz em ré (partindo, portanto, do término de sua antecessora), iniciando a transição (35-80). Lembrando (com diferenciação) o começo do movimento, há um grupo de quatro compassos (o primeiro fragmento de "a" faz a relação fundamental-quinta), refeito com os fragmentos melódicos quinta acima, seguindo-se aceleração melódica (43-47), alteração rítmica, acréscimo de nota *staccato* (47-49) e intensificação (49-51). O compasso 49, conforme o modelo do 15, inicia-se apenas com uma

---

14 Esses motivos refletem uma fusão entre "a" e "c_b", reafirmada pela linha das flautas no 89.

nota, ré, introduzindo-se então um pedal de si bemol na segunda metade de seu primeiro tempo. No segundo tempo, flautas assumem a nota fá, formando a tríade de si bemol maior. Novamente, o ponto crítico de mudança harmônica é obscurecido.

A segunda afirmação temática mantém relação com a primeira que lembra a de padrão e sequência, gerando ambiguidade – existe classificação segundo a qual a transição começaria apenas no compasso 70 (Levy, op. cit., p.47). É, entretanto, apenas um curto fragmento (51-55) em si bemol maior. Ela e sua formação apresentam perfil de início de transição inegavelmente comum, especialmente pelo desvio inesperado para outro centro harmônico (aqui a subdominante relativa ou submediante[15] si bemol). Do 55 ao 63, ocorre uma progressão indissociável daquilo que a antecede e essencialmente ascendente, baseada nas semicolcheias de "b". Técnicas imitativas são introduzidas na obra, e desmembra-se parte do primeiro fragmento temático. As harmonias são de si bemol maior, dó sustenido diminuto, ré menor, ré maior (dominante da subdominante), sol menor (subdominante) e sol sustenido diminuto com sétima.

O contraponto surge na obra efetivamente a partir do próximo segmento (63-74), terceiro da transição, e dá novo impulso à música. Apresenta-se padrão baseado em "c", contrapõem-se "c_b" e sua inversão "c_{2b}", e o segundo fragmento do primeiro grupo temático é lembrado. Há figuração disfarçada do padrão que eventualmente cria duas vozes virtuais (contrabaixos e violoncelos, 68 e 69), reforçando-se a voz pedal pelas articulações. O padrão é apresentado inicialmente por primeiros violinos entre o 63 e o começo do 67 (segundos violinos com derivação), depois por violas, violoncelos, contrabaixos e fagotes a partir do 67 e então por violinos e madeiras a partir do 68, ocorrendo extensão nos compassos 72 e 73. A harmonia é, de início, predominantemente de dominante, mas passa por tônica (66). Aparecem, depois, dó sustenido diminuto (70, no se-

---

15 Encontra-se a mediante ré maior no caso da *Hammerklavier*. Por esta ser em modo maior e a sinfonia em menor, há equivalência significativa no processo.

A NONA SINFONIA E SEU DUPLO   59

gundo tempo com fá de passagem nas vozes extremas), si bemol menor com sexta[16] (ou sol meio-diminuto, segundo tempo do 71), dó maior (72), dó maior com quinta rebaixada e sétima menor (segundo tempo do 72) e, finalmente, fá maior com sétima menor (73), nova dominante.

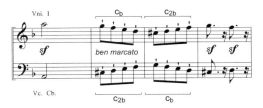

Figura 15. Terceira parte da transição (63-66).

A quarta parte da transição (74-80) prenuncia o tema principal do *finale*. É estável, reafirma a tonalidade de si bemol maior por meio de tônica e dominante, num tratamento de textura por linhas de terça. Beethoven transforma o que quer em argumento de conexão: o movimento por grau conjunto intensificado desde o compasso 63 é articulador da insinuação do último movimento. O caráter da música muda e se torna *dolce*, apesar de permanecerem os perfis ascendente e descendente e as imitações. Ritmo harmônico e fraseologia ficam mais claros.

Nota-se cromatismo melódico relativamente característico em todo o segundo grupo temático (80-162), centrado em si bemol maior. Sua primeira parte (ou primeiro tema, 80-92) assume um ritmo fraseológico mais constante (em relação ao primeiro grupo temático); nela, as cordas invertem os arpejos do início por meio de "d" (que também se relaciona indiretamente com as semicolcheias de "b"), e as madeiras, os saltos por meio de "e" (figuras 16 e 17). Há diferentes versões do compasso 81: em uma delas flauta e oboé

---

16 Subdominante menor da nova dominante fá maior.

têm si bemol na colcheia final, em outra – provavelmente a mais exata, apesar da diferença em relação à reexposição (Mar, 1993, p.115) – têm ré. A primeira frase (80-84) é praticamente repetida (84-88), com quebra de sincronia e adensamento nas cordas, bem como com alterações ornamentais nas madeiras. Essa reapresentação é resolvida num acorde de si bemol maior em primeira inversão com a nota fundamental quase ausente, 88. Os fragmentos esparsos feitos pelas cordas a partir de então lembram vagamente a variação de "a" no 13, por sua vez ligada às semicolcheias de "b", representando-se, portanto, uma fusão entre dois motivos.[17] A flauta apresenta "c_c" e "a_c" nos compassos 89 e 91, adiante enfatizados. Inicialmente, distinguem-se si bemol maior e fá maior, depois sol menor (90, também com a fundamental discreta), sol sustenido diminuto (91) e ré maior com sétima.

Figura 16. Início do segundo grupo temático, arpejos ascendentes (81).

Figura 17. Início do segundo grupo temático, saltos ascendentes (80).

Na segunda parte do segundo grupo temático (92-102), nota-se, paralelamente ao cromatismo melódico, procedimento que será ainda mais bem aproveitado na reexposição: escalas descendentes *versus* ascendentes. Há um padrão de aproximadamente dois compassos, "c_d", e seu contraponto, "c_{2d}". As articulações das escalas sugerem a estrutura em anacruse de "a", dispondo de reforço rítmico das trompas. Em um fragmento inicial de quatro compassos (92-96), cujos primeiros dois introduzem o padrão e cujos últimos dois constroem

---

17 Lembrando a maneira como "c_c" se relaciona a "c_b" e "a".

cadência (de início disfarçada), constata-se tônica relativa (sol menor), subdominante (insinuada por sua dominante no 93, afirmada efetivamente no 94 – ponto em que lá bemol é descartado e substituído por lá natural), dominante com a sexta e a quarta no lugar da quinta e da terça (ou tônica em segunda inversão, 95) e dominante. O padrão é reiniciado pela tônica relativa (96-98), depois pela subdominante (98-100, no 99 se afirmando a subdominante relativa) e, enfim, pela dominante (100-102).

Figura 18. Movimento escalar e cromatismo (98-101).

A terceira parte do segundo grupo temático (102-150) é iniciada por dois grupos de quatro compassos (102-110) que mantêm entre si relação próxima à de antecedente e consequente. Formações em *fortissimo* com as figurações marciais "a_c" e (parte de) "c_c" constituem algumas das bases do segmento, alternando-se com elas fragmentos *piano dolce* relacionados à referência à *Ode à alegria*, diminuindo a urgência da música. A disposição dessas estruturas indica agrupamentos fraseológicos de dois compassos. Passa-se por si bemol maior (o ré no baixo estabelece sutil vínculo com a área do primeiro grupo temático), mi bemol maior (confirmando-se a presença de sensíveis de notas que não são as fundamentais – outro elemento cromático), fá maior (dominante, cadencial $^6_4$), si bemol maior novamente, mi bemol menor, si maior (enarmonia de dó bemol maior), mi maior e fá sustenido maior (dominante, cadencial $^6_4$). De forma condensada, o 108 e o 109 harmonicamente refazem em si maior o que se nota em si bemol maior entre o 102 e o 106.

Por meio das figurações citadas, faz-se um pedal disfarçado de si (110-114). As vozes superiores determinam si maior, dó sustenido menor e fá sustenido maior com sétima menor. Entretanto, o tom de si maior, já indicado anteriormente, não se estabelece.

O pedal não dá lugar a uma resolução inequívoca, mas a um deslocamento escalar descendente nas cordas (que reforça a harmonia de fá sustenido maior com sétima menor – dominante temporária), apoiado pelas madeiras, entre 114 e 116. Na segunda metade do 115, o processo enarmônico instaurado no 108 é revertido. Entre 116 e 120, as madeiras fornecem a estrutura básica para as linhas tortuosas que aparecem nas cordas (com cromatismo superior e inferior, *sempre pianissimo*). Nelas, a extensão melódica encontrada em cada tempo tende a ser de sétima (o primeiro tempo do 116 é exceção). O movimento harmônico nesses quatro compassos é em essência simples, apesar do cromatismo: fá maior e sol menor em primeira inversão, fá maior em segunda inversão, si bemol maior e dó menor em primeira inversão (nessa harmonia havendo sétima maior e depois menor), si bemol maior em segunda inversão e mi bemol maior em primeira inversão. No 116, contrabaixos preparam a derivação "d_b" (identificada no 118 e no 119), que se aproxima de "c_{2b}" (reaparecendo de maneira diferente no desenvolvimento, 180). A partir desse mesmo ponto, Beethoven chama (discretamente) a atenção para a extensão do compasso (apesar de no 119 duas metades se sugerirem, por condensação), o que se justifica pelo que vem a seguir.

Figura 19. Derivação "d_b" (118-119).

Com seu elemento básico contido no compasso, começa um padrão (120-124) seguido por repetição (124-128), condensação (128-130) e liquidação (130-132). Dominante com nona menor e tônica com sexta maior determinam a harmonia. Primeiros violinos (reforçados por fagote, oitava abaixo) e segundos (reforçados por clarinete, oitava acima) estabelecem relação imitativa com diferença de oitava,[18]

---

18 A diferença de oitava permanece entre madeiras, mas invertida se comparada àquela estabelecida entre violinos.

antifonal. O material por eles apresentado aproxima alguns elementos, pois mostra-se, assim como "c_b" e a parte das cordas surgida no 80, ligado a "b", tornando-se evidente que a própria segunda porção deste (colcheias) deriva da primeira (semicolcheias). A parte das cordas graves consiste em arpejos ascendentes, em contratempo. A linha dos tímpanos utiliza "a_c" e parte de "c_c"; já as linhas da flauta e do oboé referem-se a um afrouxado "a". As sextinas de semicolcheias, importantes na formação, são feitas pelas violas e no 128 se tornam fusas regulares. Na liquidação, trompas e madeiras apresentam tendência à síncopa, e a linha dos primeiros violinos conecta-se diretamente à estrutura secundária das cordas no 63.

Surge uma progressão (132-138) na qual cada linha se torna evento em si, com o suporte harmônico como denominador comum. É pequena a possibilidade de considerar-se a grande convergência (e a independência) delas apenas pela audição: uma manifestação do sublime pela quase impossibilidade de fruição. Oboés apresentam versão sincopada da parte final de "b"; esta, transformada, terá importância no desenvolvimento (218-266, 287-297) e na *coda* (469-495, 531-539). Cordas graves, apoiadas por fagotes, ascendem um grau a cada compasso, com característicos saltos de décima com *sforzato* (sugerindo-se "b" invertido e "e"). Como esses instrumentos, flautas, clarinetes, trompas, trompetes e tímpanos enfatizam os primeiros contratempos dos compassos. Primeiros (reforçados por violas) e segundos violinos continuam com o diálogo alternado, encoberto na maior parte das interpretações,[19] demonstrando linhas de fusas com figurações próximas a grupetos e escalas, também grau acima a cada compasso (observando-se as primeiras fusas de cada grupo de quatro, percebe-se que as colcheias de "b" são insinuadas, fenômeno ressaltado por oboés). O plano harmônico em si bemol maior compõe-se de dominante, tônica, subdominan-

---

19 Poucas são as leituras que optam por equilibrar a sonoridade desse diálogo. Nesse aspecto, Toscanini e Gardiner são exemplares, aproximando primeiros e segundos violinos. Entretanto, não se pode negar que a disparidade esteja no texto: os primeiros são reforçados pelas violas, os segundos, não.

te relativa (iniciando-se um pedal de tônica – trompas), dominante da subdominante, subdominante, dominante (cessando o pedal) e tônica (início do 138).

A progressão é resolvida em si bemol maior em primeira inversão – há nítido impulso neste movimento para que resoluções evidentes com a fundamental no baixo sejam reduzidas. Traça-se imediatamente uma recriação de parte de seu plano harmônico (138-146), com *fortissimo* e *piano* contrastando entre si. O novo trecho é marcado por construção expressiva na maior parte das madeiras (ligada ao 88 – segundos violinos e violas) e outra marcial nas cordas (relacionada a "a_c", com primeiros violinos realizando saltos descendentes de sétima) apoiada pelas trompas e pelos fagotes. Passa-se por tônica, subdominante relativa com sétima (novamente com o pedal de tônica nas trompas), dominante da subdominante com sétima e subdominante. Nos dois compassos seguintes (146-148), a harmonia faz-se sobre lá diminuto com sétima, si bemol maior, dó maior com sétima e um cadencial $^6_4$, repetindo-se em *tutti* (148-150). Nessas duas ocorrências (146-150), há mais uma vez a sustentação de si bemol (trompas) até as consumações da dominante. O aspecto conclusivo do trecho não é mera impressão; o que vem a seguir é o fim da exposição, quarta parte do segundo grupo temático (150-162).

Ela é ligada ao primeiro fragmento do primeiro grupo e a "a_c". Essencialmente, é uma grande massa em oitavas, linha cuja espessura é a própria orquestra, finalizada por duas aparições isoladas de "a" (159 e 160). Tanto pelas sinfonias anteriores de Beethoven quanto pela maneira como é aqui conduzido o final da exposição (conexão com o primeiro grupo temático), a suspeita de que haverá barra de repetição é inevitável. Os compassos 160 e 161 reforçam a impressão e ao mesmo tempo permitem que ela não se confirme. Ironia, sem dúvida: o 162, idêntico ao que inicia a obra, aparentando mesmo ser repetição da formação inicial, integra processo um tanto estático já do desenvolvimento (162-301, dividido em quatro partes: 162-218, 218-275, 275-287, 287-301).

Apesar de ter percurso harmônico mais tortuoso que o encontrado no início da obra, o início do desenvolvimento gera diminuição de fluxo. Trompetes e tímpanos, *pianissimo*, são diferenciais nessa pseudoformação, a princípio destacando segundos tempos dos primeiros compassos de grupos de quatro (a partir do 166, não o fazendo no 162, mas já insinuando o processo no 160), que em alguns momentos coincidem com as mudanças harmônicas (170, 178): mesmo com a ausência de sinal, experimenta-se intrinsecamente o *sforzato* beethoveniano numa massa de densidade uniforme. Contrabaixos sugerem parcialmente o segundo fragmento do primeiro grupo, 178, então trompetes e tímpano passam a se apresentar a cada compasso. Entre 178 e 188, os agrupamentos melódicos passam a ser de dois compassos, "a_b" geralmente os pontuando. Primeiros violinos e violas reciclam "d_b" (a partir da segunda colcheia do 180). Trompetes e tímpanos tornam-se ainda mais frequentes quando reaparece "a_c" (188-192), conclusivo como no fim da exposição, lembrando-a. Harmonicamente, a quinta lá-mi não é seguida pela ré-lá, mas por ré maior com a terça no baixo (segundo tempo do 170), desprendida do resto num certo sentido. A surpresa da terça faz entender por que um dia foi considerada dissonância. Há também sol menor (segundo tempo do 178), ré maior com sétima (184) e nona (185), fá sustenido diminuto com sétima (188) e apenas a nota ré (dominante de sol, 191, segundo tempo).

Uma delicada e densa construção nas madeiras exemplifica uma interrupção que em nada compromete o fluxo (192-198). Com imitações e agrupamentos de terças e sextas, a base é o início de "b". O 196 e o 197 relacionam-se ao segundo fragmento do primeiro grupo (21, 22 e 23). A harmonia é de sol menor (como tônica), dó menor (194), dó sustenido diminuto com sétima (196), lá maior com sétima, lá meio-diminuto (197) e ré maior com sétima. Grande parte das interpretações destaca o *ritardando* do final do 195, mas ignora o *a tempo* do 196 (o mesmo vale para reconstruções posteriores, tanto no desenvolvimento quanto na *coda*).

Uma reelaboração do que se encontra entre 180 e 198 aparece entre 198 e 216. Em seu início (198-206), há maior coesão melódica e incidência de "a_b", que ajudam a constituir espécie de paráfrase do primeiro grupo temático. Como se poderia esperar, em seguida é reformulada tanto a estrutura que lembra o final da exposição ("a_c", 206-210) quanto a delicada e densa construção nas madeiras (210-216). O movimento harmônico aproxima-se do encontrado entre 170 e 198, porém deslocado um passo no círculo de quintas. Mais detalhadamente, é marcado por sol menor (198), sol maior (201,[20] dominante), si diminuto com sétima (206), sol (segunda metade do 209, sem terça), dó menor (210), fá menor (212), fá sustenido diminuto com sétima (214), ré maior com sétima, fá menor com pedal inferior de sol (215) e sol maior com sétima.

O 216 e o 217 derivam-se do que imediatamente os antecede. Clarinetes e fagotes, preparando a posterior construção contrapontística, traçam linha tortuosa de semicolcheias que se remete às linhas de segundos violinos e violas no 63, ao acompanhamento feito por violoncelos no 92 ("c_{2d}"), à organização em fusas que marca o segmento compreendido entre 132 e 138 (invertida e alargada) e às semicolcheias de "b" (invertidas). Flauta, oboés e cordas reconstroem 214 e 215 com alterações. A harmonia é de fá sustenido diminuto (216), lá bemol maior com sexta francesa (formando-se falsa relação com o lá natural do acorde precedente), fá menor com sétima menor e pedal inferior de sol (217) e sol maior com sétima e nona (dominante).

Segue-se uma longa construção (218-253) que começa a segunda parte do desenvolvimento (218-275), mostrando nitidamente o contraponto beethoveniano. Possui quatro linhas básicas, três delas iniciadas no 218. A primeira, a princípio nas cordas graves e nos fagotes, baseia-se em "b" e estabelece cadeia ligada por síncopas. A segunda deriva-se das semicolcheias de "b", introduzindo "b_b" nos segundos violinos. A terceira, nos primeiros violinos e nas flautas, é marcada por saltos, *sforzati* e síncopas. A quarta, iniciada no 224 pelos segundos violinos, soma-se diretamente à segunda, então nas violas. Metais e tímpanos ganham maior peso a partir do 236 e do 237, com estruturas rítmicas que solidamente influem no

---

20 Nos contrabaixos, "d_b" esboça sol maior a partir do 202.

efeito global.[21] Segundos violinos fazem sequência de notas repetidas em sextinas a partir do 240, intensificando a multiplicidade de eventos pela polirritmia gerada e aumentando a sensação de movimento. Novamente o sublime se desvela, a noção de uma experiência que transcende a compreensão ou a fruição: há mais eventos efetivos (não preenchendo a harmonia simplesmente) do que se pode administrar na escuta.

Figura 20. Derivação "b_b" (218-219).

Quatro segmentos marcados pela troca de material entre instrumentos compõem a construção. As unidades estruturais básicas são de dois compassos no início de cada um e de um compasso a partir de então. O primeiro segmento (218-224) passa por dó menor (tônica), sol maior com sétima, fá maior com sétima, sol menor, lá meio-diminuto, lá maior com sétima e ré maior com sétima (dominante de sol). O segundo (224-232) estabelece sol menor (aparecendo tônica e dominante com sétima num pedal de ré quebrado no 228 com a chegada do baixo à tônica), dó menor (229) e fá maior com sétima (230). O terceiro (232-236), dando continuidade ao círculo de quintas, apenas afirma a área de si bemol maior – tônica e dominante com sétima. O quarto (236-253) passa por si bemol maior, fá maior com sétima, sol menor, sol sustenido diminuto com sétima, lá maior com sétima menor no baixo, lá com sétima menor no baixo e quarta justa[22] (com

---

21 Trompetes e tímpanos apresentam a partir do 237 estrutura que sugere diluição rítmica de "a_c", ligada também à parte das cordas no 74:

22 Uma razão para essa quarta justa seria a conservação de ré como nota mais baixa dos violinos e dos fagotes entre 241 e 247. Algo similar ocorre no final da *coda* (531-539).

a nota agregada fá sustenido tornando-se, na metade do 246, fá bequadro, útil posteriormente) e, num cadencial disfarçado, mi com quarta, sexta e sétima[23] (247) e mi maior com sexta,[24] sétima e nona (249). As repetições da parte final de "b" sofrem liquidação a partir de 249: flautas estabelecem alternância entre um compasso com movimento melódico descendente e outro com ascendente; primeiros violinos e fagotes geram fragmentação motivada pela execução apenas do material descendente. Deve-se notar nos violoncelos e nos contrabaixos reafirmações variadas de um mesmo fragmento, mas com alterações no *status* estrutural de determinados pontos do compasso. Por exemplo, no 241 a primeira nota é principal (si bemol), mas no 243 é dissonância (lá). As linhas melódicas, em geral intransigentes, não contestam a força do contexto harmônico, mesmo que em alguns casos, como no 247, haja certo choque entre horizontalidade e verticalidade.

Fragmentação e contraponto também caracterizam o que se segue (253-275). Experimenta-se uma diminuição da intensidade do discurso, chega-se ao *cantabile*. Os materiais pouco mudaram, mas a música mudou. Há nos dois primeiros compassos elisão de textura com a construção anterior: somente a partir do 255 a nova fragmentação se evidencia. A base ainda é "b" e seus tratamentos resultantes, reaparecendo as extensões de seu último compasso (259-267, violoncelos). Mi maior (dominante com sexta, sétima e nona, fundamental frequentemente sugerida apenas[25]) e lá menor são as bases iniciais. É então apresentada na flauta uma progressão melódica descendente (267-271) cujo padrão é de um tempo, com os violoncelos, aproveitando "a", realizando contraponto (vindo da linha dos con-

---

23 Em razão de deslocamentos melódicos intensos, pode-se detectar eventualmente outras notas agregadas às harmonias. Por exemplo, há brevemente a presença da nona de mi logo no início do 247, nas cordas graves.
24 Dó (com resoluções em pontos diferentes do 249) justifica-se em parte pela manutenção da progressão encontrada nas notas superiores, a cada dois compassos descendo um grau (desde o 240, ignorando-se trocas de registro).
25 A trama de semicolcheias é responsável por esse resultado.

trabaixos, que por sua vez une "d" e "d$_b$"). Em lá menor, nota-se fá maior, dó maior, ré menor, lá menor, si diminuto, fá maior, sol maior e fá maior, encerrando-se a progressão em *decrescendo*. Os quatro compassos seguintes (271-275), sobre dominante e tônica[26] (esta também como subdominante da dominante), liquidam o que se afirma desde o 218 (e que fora anteriormente sugerido ou preparado entre 210 e 214 e entre 192 e 196): um episódio macroscópico sobre "b".

Mudando o foco para o primeiro tema do segundo grupo temático, prossegue o desenvolvimento com sua terceira parte (275-287), nas áreas de lá menor (275-280) e fá maior (280-287), cada uma com tônica e dominante. A estabilidade fraseológica aumenta nas três ocorrências temáticas (275-279, 279-283, 283-287), com troca entre partes. A linha dos fagotes apresenta o que se poderia chamar de edição motívica: abruptamente, "b$_b$" e "d" se associam (275 e anacruse).

A música aparentemente chega a uma grande resolução. Com "b" (que não aparece de forma horizontalmente plena, mas dividido, como nos segundos violinos e nos violoncelos, 287), começa a retransição, última parte do desenvolvimento (287-301). Do 287 ao 297, primeiros violinos apresentam um híbrido de "d" e "b". Volta o contraponto, mas essencialmente domado pelas harmonias de fá maior, dó maior com sétima e, por transformação cromática (coincidindo com um *crescendo*, 295), dó sustenido diminuto com sétima, que antecede lá maior com sétima e nona (devido a trompetes e tímpano, 297). No 295 e no 296, a estabilidade é sacudida inteiramente, vindo após uma liquidação sumária (297-301). Nela, "b" transforma-se em linha descendente (lembrando o 267, flauta) que leva à reexposição, ironicamente reduzindo o contraponto a seu material mais fundamental. Ampla no registro, a linha é marcada por acentos *forte*, preparando a chegada a ré.

---

26 Com formações de passagem como fá maior, lá menor com sétima e ré menor no final do 273, bem como ré menor e sol sustenido diminuto com nona no final do 274.

O trecho inicial da reexposição é um transbordamento, uma grande dissonância na macroestrutura. A sonoridade ambígua do começo do movimento é substituída por um *fortissimo* ostensivo, agora em ré maior (revelando-se assim moderado parentesco com a segunda formação[27]). A terça no baixo tem novamente participação numa sonoridade inusitada, distorcida, que nenhuma interpretação precisa evitar. Pensando-se no princípio da homeostase segundo o qual qualquer excesso de estímulos pode ser sentido como dor (Weiskel, op. cit., p.156-7), reconhece-se manifestação do sublime do horror. Ao mesmo tempo, se Weiskel enfatiza que qualquer mudança de poder é sugestão indireta de perigo (ibid., p.136, 142), tal sublime reafirma-se também pela comparação entre esse segmento e a formação inicial ou o fim do desenvolvimento.

A estrutura do 309 deveria, seguindo o padrão original, ocorrer no 311: o início da reexposição (301-315) é menor dois compassos do que o esperado.[28] Fá sustenido é neutralizado no final do 312, tornando-se fá bequadro, um alívio segundo Tovey (1935, p.18) (reforçando o que se comentou sobre a homeostase). Na anacruse do 313, após si bemol aumentado, entra si bemol maior[29] com sétima menor (funcionando como acorde de sexta alemã), fazendo com que a linha melódica seja, em seguida, responsável pela presença da terça.

Como ré menor, ressurge o primeiro grupo temático, bastante alterado. Seu primeiro fragmento (315-323) reaparece com relação imitativa entre cordas (primeiros violinos, segundos e violas) e madeiras (reafirmando-se a textura contrapontística como espécie de temática no movimento), com dois compassos de defasagem. O inesperado material apresentado pelos violoncelos e pelos contrabaixos

---

27 Apesar de a segunda formação da exposição ser iniciada melodicamente por fundamental-quinta (nesse aspecto diferindo da reexposição).
28 Entretanto, pela técnica de condensação os compassos 9 e 10 são adicionais, nesse sentido não sendo o início da reexposição menor do que o esperado, mas a formação da exposição, maior.
29 Outra relação com a segunda formação da exposição.

reflete a inversão livre da linha melódica (315, com apoio parcial dos fagotes), bem como o uso de "c_b" (319, 321) e "c_{2b}" (alterado, 320, 322). Por intermédio desses dois motivos, esses instrumentos reforçam a nota dó, sétima de ré menor, cuja resolução esboça brevemente si bemol maior[30] no 319 e no 321 (finais dos primeiros tempos). Ré torna-se novamente maior no 322 e, por meio de fá sustenido e dó, prepara-se a subdominante menor do segundo fragmento (notável na exposição, 23, 24). Esse (323-326) tem como fenômeno importante a precipitação das madeiras no 324: elas permanecem atrasadas, mas a defasagem passa a ser de um compasso, com imitação à nona. Começa em ré maior com sétima e nona menores (dominante da subdominante), 323, chegando a sol menor, 325 (encontrando-se no segundo tempo deste, de passagem, fá sustenido diminuto com sétima sobre sol).

Durante o terceiro fragmento (que se estende do 326 ao primeiro tempo do 329), a defasagem de dois compassos nas madeiras volta (compondo-se imitação à sétima a partir do 327). Aparecem sol menor (326), mi bemol maior com sétima maior devido ao tímpano,[31] dó sustenido diminuto alterado com sétima (início do 327, sem terça, o tímpano com a segunda menor[32]) e sol menor[33] (a partir da metade do primeiro tempo do 327, ponto em que também a nota ré, pedal desde o 301, passa a integrar pedal inferior pelos contrabaixos).

---

30 Pode-se notar nos violoncelos e nos contrabaixos, 320, 321 e 322, antagonismos envolvendo si bequadro e si bemol, bem como fá e fá sustenido.
31 Em alguns pontos da obra, partes cujos instrumentos hoje possuem mais recursos do que na época revelam notas que destoam harmonicamente do contexto. Seria justificativa prática a intenção de Beethoven de não se privar de certos timbres, mesmo que isso ocasionasse a presença de notas estranhas. Entretanto, não se pode descartar de seus objetivos os próprios resultados harmônicos.
32 Violoncelos e contrabaixos (dó sustenido), nesse breve momento, entram em choque com tímpano (ré).
33 Dó sustenido diminuto alterado com sétima (equivalendo a sol menor com dó sustenido no baixo) parece transformar-se em sol menor: a chegada desse último momento ocorre no tempo fraco (o que gera mascaramento), e a mudança harmônica dá-se essencialmente pela ascensão da fundamental do primeiro.

Não se separando do primeiro grupo temático, mas tendo características de episódio, a extensão (329-339) apresenta progressão melódica com padrão de três compassos repetido a cada dois (em *stretto*), com o apoio do contracanto de dois compassos dos violoncelos. A linha principal, originada de "c", desce um grau a cada atualização (com exceção da última delas, incompleta, 337). Mantendo-se o pedal inferior de ré, passa-se ambiguamente por lá maior (329), ré maior com sétima, sol maior (331), dó sustenido diminuto com sétima (de início insinuando sol menor), ré menor (333), mi maior com sétima e nona e lá maior com sétima (com nona maior em passagem ascendente no 335 e nona menor em passagem descendente no 336). Lá maior com sétima permanece, preparando segmento em tom maior (há nona maior em passagem ascendente e descendente no 337 e no 338). O uso de diferentes escalas (menor harmônica, melódica) e cromatismos gera direta ou indiretamente choques, como entre fá sustenido e fá bequadro (330 e 331) e entre si bemol e si bequadro (334).[34]

Entre 301 e 339, o timbre, a textura, a independência de eventos, a inflexibilidade das imitações e as notas ré "presas" geram dissonância na macroestrutura que não deveria ser menos comentada que a dissonância introdutória, local, do *finale*. Se esta inicia o último movimento, aquela marca formalmente o primeiro, surpreendentemente ocorrendo no início da reexposição e tendo como impulsionador o próprio pedal de tônica. Discursiva, independe das consonâncias locais, então nem sempre apoiadas pela textura (301, por exemplo).

Após essa conjuntura, subitamente já se está na última parte da transição, com a referência à *Ode à alegria* (339-345) discretamente reconstruída e em ré maior. Comparando-se o percurso da reexposição até essa parte com seu equivalente da exposição, constata-se que Beethoven reduz os 73 compassos iniciais a apenas 38 – exemplo significativo da arte de "encurtar brutalmente" que Schoenberg identifica no compositor (Leibowitz, 1979, p.42).

---

34 Eixos relacionados ao que se encontra em 320, 321 e 322.

Parte da riqueza de construção deste movimento reside no cancelamento das expectativas relacionadas aos modos maior e menor. As memórias da exposição, à medida que são atraiçoadas, soam paralelamente ao que se ouve na reexposição. A reapresentação do primeiro grupo temático realiza adaptações para os modos maior e menor de formações que antes nem terça tinham. Paralelamente, como será demonstrado, o segundo grupo temático, na sua segunda aparição, demonstra frequentes deslocamentos para o modo menor. A eficiência (e verdadeira comodidade) dessas mudanças talvez se explique pela própria constituição (e pela escolha) dos materiais básicos. De qualquer forma, o termo "reexposição" – que pode insinuar previsibilidade, de forma alguma encontrada aqui – parece desconfortável.

Na reexposição, o primeiro tema do segundo grupo temático (345-359) inicia em ré maior, passando então para ré menor (351) e sendo readaptado, ampliando-se com isso. Entre 355 e 359 são identificadas as harmonias de ré menor (em primeira inversão), lá maior com sétima,[35] si bemol maior, si bequadro diminuto e fá maior com sétima – dominante da subdominante relativa.

A subdominante relativa dá início às escalas descendentes, segundo tema do segundo grupo temático (359-369), ainda com presença cromática. A subdominante (menor) é logo enfatizada ao mesmo tempo por sua escala harmônica (descendente) e por sua escala melódica (ascendente)[36] – verticalidade e horizontalidade aproximam-se. Quando efetivamente atingida, no 361, é grifada pelos metais ao longo do compasso, mas é parcialmente encoberta por escalas que se amoldam a ré menor (reafirmando-se o contexto). Após o cadencial $\frac{6}{4}$ (362), a subdominante relativa é retomada (363,[37] ca-

---

35 No 356, há breve troca entre as partes da flauta e do oboé (em comparação à exposição, 89).
36 O que não se pode constatar na parte equivalente da exposição, em modo maior.
37 Em relação à exposição (compasso 96), os primeiros violinos estão no lugar dos clarinetes.

dência evitada), reforçando-se novamente a subdominante, que reaparece no 365. Prepara-se mi bemol maior (subdominante secundária e insinuação da napolitana), que se manifesta abertamente no 367 (diferindo da parte equivalente da exposição) e sofre neutralização no mesmo compasso (segunda metade, escala natural de ré menor). No 368, surge lá maior.

Reaparece o terceiro tema do segundo grupo temático (369-419), novamente com o uso de sensíveis secundárias. Nos primeiros oito compassos, ocorre ré menor (que se torna maior, dominante da subdominante), sol menor (e sua dominante, 370), sol maior (371), cadencial $^6_4$ (indicando modo maior, 372), ré (com sensível chocando-se com tímpano e metais, 373), mi bemol[38] (com sensível no 374 e terça maior no 375), sua subdominante (segundo tempo do 375) e seu cadencial $^6_4$ (376[39]). Segue um pedal disfarçado de tônica, em mi bemol maior, passando-se por ela (377) e por sua dominante (379, o pedal das trompas impede o estabelecimento da subdominante relativa, esperada em razão da exposição), partindo desta o movimento descendente superficialmente reformulado, chegando a ré (382). Então, novamente harmonias em essência simples surgem, lá maior (383), si bemol maior (384), ré menor (385), mi menor com sétima, fá sustenido menor (386) e sol menor, a grande maioria em primeira inversão (é exceção a reaparição em segunda inversão de lá maior, na segunda metade do 384).

Padrão de quatro compassos (387-391), repetição (391-395), condensação (395-397), inesperada variação da condensação (397-399) e liquidação (399-401) instauram antagonismo entre ré menor (dominante com nona menor) e ré maior (tônica com sexta maior). Trompetes assumem a parte dos tímpanos encontrada na exposição; estes desta vez estabelecem rufos. Clarinete e fagote[40] imitam a relação entre primeiros e segundos violinos, porém oitava abaixo. A

---

38 O percurso harmônico difere do equivalente da exposição.
39 A textura simplificou-se se comparada à da exposição.
40 Fagote é acompanhado por oboé, duas oitavas acima.

variação da condensação (397-399) resolve o antagonismo a favor de ré menor (sua tônica com sexta menor afirma-se) e quebra a relação antifonal de linhas melódicas.

Entre 401 e 407 há progressão similar à encontrada entre 132 e 138, mas em ré menor. Desta vez, flautas reforçam segundos violinos (fato que assinala a importância do diálogo entre estes e primeiros), violas mantêm ligação com sua atividade anterior (com o acréscimo de *sforzati*), tímpanos estão em posição de maior conforto harmônico (executam fundamentais da tônica e da dominante), trompetes (com "a_c" e, em parte, "c_c") e trompas o reforçam, e fagotes, clarinetes e oboés apoiam mais sistematicamente cordas graves. No 405, há presença das subdominantes menor e maior; e, no 406, na dominante, acrescenta-se trinado conclusivo.

Entre 407 e 415, constata-se ré menor, mi meio-diminuto (em parte por causa do pedal de tônica nos metais), ré maior com sétima e nona e sol menor. Deve-se enfatizar o que já ocorre na exposição (138-146): madeiras perfazem linhas que apenas superficialmente perturbam um plano harmônico claro por meio de formações passageiras.[41] Si bemol maior com sétima maior, mi bemol maior, dó sustenido diminuto com sétima, ré menor, sol menor com sétima, mi bemol maior (então como acorde de sexta napolitana) e um cadencial $^6_4$ estruturam 415 e 416, havendo em 417 e 418 reapresentação com pouca diferença (acorde de dominante com sétima no lugar do diminuto).

A tônica ré menor reafirma-se isoladamente entre 419 e 427 – quarto tema do segundo grupo temático –, fechando a reexposição de forma mais breve que a exposição.

Trechos como o compreendido entre 387 e 407 acabam sendo mais marcantes que seus equivalentes da exposição, e o jogo de sutilezas entre modo maior e menor tem grande participação no processo. Os papéis parecem inverter-se, e então a reexposição sugere-se como efetiva, e em certo sentido definitiva, exposição. Encontra-se

---

41 Como si bemol maior no 407 e sol menor no 408.

nela mais uma qualidade afirmativa – urgente – que reafirmativa, como se a exposição anterior fosse, em relação a ela, uma preparação. Um princípio importante deste movimento é não apresentar explicitamente suas articulações. Auxiliam-no nesse sentido frases independentes que se interligam e procedimentos harmônicos menos afirmativos apoiados tanto por inversões quanto por mudanças em pontos mais fracos do compasso e da estrutura formal. Exemplo é a junção do fim da reexposição com a *coda* (427-547), bastante discreta em parte pelo fato de o começo desta não alterar a harmonia, mantendo-se a tônica atingida oito compassos antes.

A primeira (427-453) das oito partes da *coda* caracteriza-se pela apresentação do primeiro fragmento do primeiro grupo temático, quase como uma continuação espontânea do que a antecede. Há agora *tremolo* nos segundos violinos e nas violas (estrutura típica da formação temática, aproveitada também no desenvolvimento, 198-208) e "d_b" nos violoncelos e nos contrabaixos. Na segunda metade do 430, é introduzida uma variação das semicolcheias de "b", aproximando-as ironicamente de "a".[42] Há execução dessa estrutura a cada dois compassos e, a partir do 446, a cada um. A linha temática timidamente sofre fragmentação pela inserção de pausas a partir do 439, o que lembra a formação no começo do movimento (11). A fraseologia é determinada essencialmente pelos primeiros violinos e pelas cordas graves, formando-se três grupos de quatro compassos e sete grupos de dois (com anacruses adicionais). Nos últimos três, há encurtamento melódico excessivo, sugerindo condensação. A harmonia tende a mudar nos segundos tempos e compõe-se por ré menor, lá maior com sétima e nona (430), ré maior com sétima e nona (434), sol maior com sétima e nona (440), dó maior com sétima (442) e dó sustenido diminuto com sétima (445[43]).

---

42 Há procedimento comparável no compasso 13, com a variação de "a" relacionando-se a "b". Paralelamente, deve-se lembrar de "c_c", que se aproxima de "a" e "c".

43 Apesar de insinuar-se, pelo contexto, mudança na metade do 444.

A segunda parte (453-469) refere-se aos últimos três temas do segundo grupo temático, mas com tortuosidade e ambiguidade próprias. Retornam "c_d" e "c_{2d}" (variado), num primeiro grupo de quatro compassos e em três grupos de dois. A ambiguidade do 453 deve-se à apresentação de ré menor com a fundamental apenas em parte das trompas e às insinuações de fá maior e lá maior. Sua sonoridade atinge uma espécie de neutralidade funcional, a quinta destaca-se mais que a terça, e esta, por sua vez, mais que a fundamental. No mesmo compasso, dá-se a "transformação" de ré menor em sol sustenido diminuto com sétima e nona (não havendo um ponto preciso da ocorrência). Violas e violoncelos apresentam um híbrido de "c_{2b}" e "c_{2d}".

O 454 apresenta a dominante, vindo a tônica[44] no 455, a subdominante com sexta maior e a dominante com sétima no 456. Fá maior seguido de sol sustenido diminuto com sétima e nona estabelecem a harmonia básica do 457 – ponto em que há nas madeiras alusão às semicolcheias da terceira parte da transição por meio de "c_{2d}" alterado –, mas pela memória do 453 (seu preparador, menos aberratório), pelo aspecto cadencial do 456 e pelo próprio deslocamento melódico do 457 existem também sugestões de tônica com fundamental oculta[45] e dominante com sexta. Lá maior com sétima, ré menor e fá maior com sétima (dominante de si bemol) vêm a seguir (458, 459 e 460), bem como o início em si bemol aumentado (461) do último grupo escalar do trecho, que logo esboça ré maior com sétima e nona (462).

Surge no 463, ainda na segunda parte da *coda*, construção relacionada a "a_c" (terceira e quarta partes do segundo grupo temático), com condensação no 467 e no 468. A harmonia perfaz choques por movimentos de semitons, com sol menor, si bemol aumentado com

---

44 Beethoven caracteriza a dominante pela segunda aumentada da escala menor harmônica e a tônica pela escala menor melódica descendente (e sua partida "natural" da fundamental).
45 Encontrada anteriormente na obra beethoveniana (cf. Bento, op. cit., p.77).

sétima, sol menor (464), mi bemol maior (acorde de sexta napolitana), lá maior (465, no fim com sétima maior no baixo), fá aumentado (466), si bemol maior (467), sol maior, dó maior (468) e lá maior (inicialmente sem fundamental).

A terceira parte (469-495) faz-se basicamente sobre "b", contrapondo sua estrutura de semicolcheias à de colcheias. Há largo uso de interligações dessas últimas, como no desenvolvimento (218-266, 287-297) originário da atividade das madeiras entre 132 e 138. Entre 469 e 477, identificam-se tônica e dominante de ré maior sobre pedal de dominante (com a linha inferior das trompas apresentando a sensível desta e lembrando o modo lídio). É a vez de ré menor (também com tônica e dominante alternadas) entre 477 e 485, com a sustentação do pedal (que deixa de ser inferior) essencialmente nas trompas e com a reintrodução de "b_b" (que assume o lugar das semicolcheias de "b" num contexto contrapontístico gerador de movimento).

Entre 485 e 495 é feita progressão baseada essencialmente em "b_b" e nas colcheias interligadas de "b". Estabelece-se mi diminuto com sétima, fá aumentado com sétima (486), sol menor (487), lá diminuto (488), si bemol aumentado (489), si bemol maior com sexta aumentada (490), si bemol maior com sétima menor (dominante de mi bemol, 491), mi bemol maior (492), sol menor com sétima (493), lá com quarta e sétima (494) e ré menor com fundamental praticamente oculta (oboé e fagote a mantêm).

Dentro do uso de "c_d", sem "c_{2d}", que depois reaparece alterado (497, 501), e com "c_{2b}" variado nos violinos, inicia-se a quarta parte da *coda* (com elisão, da anacruse do 495 ao 505), diretamente relacionada aos primeiros dez compassos da segunda parte e, consequentemente, ao segundo tema do segundo grupo temático (eis um bom exemplo de autorreferências labirínticas deste movimento). Depois da já comentada tônica com fundamental pouco evidente na anacruse do 495, a estruturação muda nesse compasso em si, pois, como no 457, a tônica relativa resultante – com quinta justa ausente e quinta aumentada de passagem – sugere tônica sem fundamental e dominante com sexta. Havendo posteriormente si bequadro, forma-se (sem ponto preciso de ocorrência) mais uma vez sol sustenido diminuto com sétima e nona. Dominante com sétima é apresentada no 496, seguindo-se tônica (497), subdominante com sexta (498) e dominante, sugerindo-se cadencial (como no 456). A nota lá restabelece "c_d" no 499, e no 501 se constitui um cânone (insinuado desde a exposição, 98), refletido nos *crescendi*. Estabelece-se mais decisivamente a dominante (embora no 501 as ambiguidades resistam com fá maior), que é seguida pela tônica (503), pela subdominante com sexta (504) e pela dominante com sétima, novamente ficando, ao fim, a expectativa de cadência (ou semicadência).

A fundamental da dominante ausenta-se, iniciando-se com um acorde diminuto com sétima sobre o sétimo grau a quinta parte (505-513), divisível em dois blocos (505-509, 509-513). A origem do fragmento reside na estrutura delicada e densa das madeiras que aparece no desenvolvimento entre 192 e 198, mantendo-se sua hesitação agógica. Não se atinge a tônica: vêm, em vez dela, sol sustenido diminuto com sétima (507, que também não antecede a dominante), sol menor com sexta e lá maior com sétima e nona (com quarta no primeiro tempo do 508 e terça no segundo), finalizando o primeiro bloco. O segundo (509-513) refaz esse percurso com variação.[46]

A chegada à tônica no 513 não configura resolução. A sexta parte (513-531) apresenta dois *ostinati*, cada qual com módulos de dois compassos. Dois grupos de quatro compassos e cinco de dois marcam-na, não havendo razão concreta para iniciá-la lentamente e acelerá-la depois, como muitas interpretações o fazem. As escalas cromática descendente e menor melódica ascendente estabelecem o primeiro *ostinato*, de certa forma resgatando "c_b" e "c_{2b}" da terceira parte da transição. A menor harmônica é base para o segundo, que sugere alteração de "a" e alargamento das semicolcheias do mesmo segmento da transição. Paralelamente, referências ao primeiro frag-

---

46 No segundo bloco, somente com a entrada de dó sustenido, no final do 510, o sétimo grau impõe-se efetivamente. Um segundo grau diminuto, que o sugere tanto pela proximidade natural entre eles quanto pela memória do recente 505, é a resultante antes disso.

mento do primeiro grupo temático são notadas (havendo pausas antes das notas pontuadas), referências fundamentais para a fraseologia até pelo menos o 525. O primeiro *ostinato*, com tônica e dominante, espessa-se e transborda: quando os primeiros violinos atingem posição de brilho, seu sucessor e substituto aparece (527), com tônica, subdominante com sexta e dominante.

Na sétima parte (531-539), a dominante anterior não se resolve na tônica: adia-se a conclusão do movimento. Cordas apresentam estranha figuração com saltos, extrema expansão intervalar das colcheias de "b" (estas novamente em cadeias) que prenuncia a célula principal do *scherzo* e ao mesmo tempo alude ao primeiro *ostinato* da sexta parte da *coda* (pela associação de suas notas superiores). Em meio a tal deformidade, tensões resolvem-se em tensões – outro exemplo do sublime do horror. Num pedal de ré, quinto grau com sétima da subdominante (531) é seguido por sétimo com sétima da dominante (533) e quinto (lá maior, 534). O processo é reelaborado (535-539), então vindo terceiro grau no lugar deste – fá aumentado sobre pedal de ré (538). Nesse contexto, sugerem-se inevitavelmente lá maior com sexta e sem quinta (dominante é função mais insinuada, mesmo preconcebida pela memória do 534) e ré menor com sétima maior. Insere-se, portanto, ambiguidade a relacionar-se com a dos compassos 457, 495 e 501. Vale notar a esta altura que no 15 e no 16 (este e o 538 sendo análogos pelo material que lhes sucede) já se instaura, de certa forma, a inclinação do movimento (e da sinfonia) para duplos sentidos harmônicos. A última nota das cordas no 538 já é anacruse temática.

Na oitava e última parte da *coda* (539-547), a afirmação final do primeiro fragmento do primeiro grupo temático é feita, com inserções de cadeias de "a_b" e escalas menores melódicas ascendentes (entre 541 e 545). A harmonia é quase exclusivamente de tônica (em boa parte do 539 sem fundamental), sugerindo-se dominante com sétima no 546. Ouve-se no 544 uma tríade pela última vez no movimento: há apenas imensa linha de oitavas a partir do 545.

Segundo movimento

Tabela 2

Grande seção		Natureza estrutural/subdivisões básicas			Harmonia
Seção "A" (1-414)	"a"	Introdução: "m_1" (1-9)			ré menor
		Formação: fugato (9-57)			ré menor
		Exposição (57-151)	1º tema (57-77)	Parte principal: sujeito e contrassujeito do fugato (57-65)	ré menor
				Padrão, sequência, condensação e liquidação (65-77)	ré menor/ dó maior
			Transição (77-93)		dó maior
			2º grupo temático: Ode à alegria (93-151)	1º tema (93-109)	dó maior
				2º tema (109-127)	dó maior
				3º tema (127-135)	dó maior
				4º tema (135-151)	dó maior
Repetições	"a"	(9-151)			ré menor/ dó maior
	"b"	Desenvolvimento (143-268)		Fim do 2º grupo (143-177)	dó maior/si
				Falso fugato (177-260)	mi menor/ si bemol maior com sétima
				Retransição (260-268)	ré menor
	"a"	Reexposição (268-388)	1º tema (268-296)	Parte principal (268-280)	ré menor
				Extensão (280-296)	ré menor/ si bemol maior

Continuação

		Transição (296-330)		si bemol maior/lá maior com sétima
		2º grupo temático (330-388)	1º tema (330-346)	ré maior/menor
			2º tema (346-364)	ré menor
			3º tema (364-372)	ré menor
			4º tema (372-388)	ré menor
Repetições	"b"	(380-400, 159-268)		ré menor
	"a"	(268-396b)		ré menor
		Coda de "A" (396b-414)		ré menor
Seção "B" (414-531)	"c"	"c_a": Ode à alegria (do 414 ao 424, do 416 à metade do 422b)		ré maior
		"c_b" (da metade do 422b à metade do 438)		ré maior
		"c_a" (do 438 à metade do 454)		ré maior
	"d"	"c_a" (454-475)		lá maior/ré maior
	"c"	"c_a" (do 475 à metade do 491a)		ré maior
Repetições		(da metade do 422b à metade do 438)		ré maior
		(do 438 à metade do 454)		ré maior
	"d"	(454-475)		lá maior/ré maior
	"c"	(do 475 à metade do 491b)		ré maior
		Coda de "B" (491b-531)	1ª parte (491b-523)	ré maior
			2ª parte (523-531)	ré maior/menor
Seção "A": "a-b-a" (1-396b, 531-559)		(1-396b)		ré menor
		Coda (531-559)		ré menor/maior

Já se disse que tanto o segundo movimento desta sinfonia quanto o segundo da *Hammerklavier* são paródias dos movimentos que respectivamente os antecedem. A questão não escapa a Rosen, que paralelamente vê na troca de ordem entre os movimentos intermediários, nas duas obras, medidas de equilíbrio expressivo (op. cit., p.280). Entretanto, não há apenas paródia. No caso da Nona (a *Hammerklavier* será abordada adiante), mesmo que ideias do primeiro movimento sejam revisitadas no segundo, os materiais deste são incisivos demais para caracterizarem exclusivamente o humor, e o *scherzo* tem também características do estilo monumental. Sua arquitetura, pelo menos em "A" (1-414), reflete fluxo para a frente e concentração. Não é coincidência que "A", em oposição ao habitual monotematismo das seções equivalentes de outros *scherzi*, seja exemplo de forma-sonata (com dois polos temáticos na exposição). Assim sendo, revela "a-b-a" – ou "a-a-b-a-b-a" com as repetições – em termos de tratamento temático, assumindo harmonicamente forma binária cíclica (com "a" compondo a primeira porção e "b-a" compondo a segunda).[47] O compasso 2/2 no centro do movimento, em "B" (trio, 414-531), é peculiaridade não encontrada em nenhum outro *scherzo* sinfônico de Beethoven.

A introdução do *scherzo*, exemplo nada comum de orquestração do arpejo de ré menor, dura apenas oito compassos, quatro deles

---

47 Se do ponto de vista do tratamento temático a forma-sonata apresenta três seções básicas – exposição, desenvolvimento e reexposição –, do ponto de vista harmônico apresenta fundamentalmente duas, a primeira formada pela exposição e a segunda pelo desenvolvimento e pela reexposição. Ilustra assim, de acordo com autores como W. Dean Sutcliffe (cf. bibliografia), a forma binária cíclica, que na parte posterior de sua segunda seção reconstrói a primeira (geralmente a partir do início). Discordando em parte desse ponto de vista aqui adotado, que admite que uma recapitulação mesmo total da primeira seção ainda se remeta diretamente à forma binária cíclica, Douglass M. Green considera que a forma-sonata conecta-se tanto à binária cíclica quanto à binária balanceada, pois essa última recapitula em sua segunda seção a porção ou metade final da primeira seção e, em sua categorização, a cíclica tende a recapitular não mais que a metade inicial (1979, p.185).

com pausas eloquentes. Chamam a atenção as possibilidades diversas de agrupamento dos mesmos: 2+3+3, 2+2+2+2 e 2+2+1+3, por exemplo. Essa última, a mais irregular, é a que também mais fielmente descreve o trecho e suas acentuações. Se no início do primeiro movimento a ausência de terça é enfatizada, no segundo os tímpanos – e precisamente eles, que na maioria esmagadora das peças da época apresentam fundamental e quinta – estão em fá (em duas oitavas[48]). Entretanto, a sonoridade obscurece ambiguamente o fato. Eles reforçam a terça (de ré menor), mas ao mesmo tempo a isolam e a aproximam do ruído.

O motivo principal do movimento, "m_1", aparece já no primeiro compasso. Encontram-se nele valores rítmicos de "e" e referência a "a" do movimento anterior, elemento também relembrado pelas associações motívicas, com deslocamento descendente relacionando fundamental e quinta. Numa sinfonia que se vale do texto, deve-se notar que, no *Molto vivace* e no compasso 3/4, a rítmica de "m_1" lembra a da própria palavra *timpano* (do italiano, com a primeira sílaba, acentuada, tendendo a ser entoada acima das outras, e com a segunda tendo menor duração), propriedade irônica consagrada já no quinto compasso, ponto em que os próprios tímpanos se pronunciam, justamente com a terça isolada. Não deixa de ser significativo que a terça (então maior) seja fundamento do tema da *Ode à alegria*, tema por excelência da expressão verbal na obra.

A partir do nono compasso há a formação (9-57) do primeiro tema da exposição de "A", por meio de uma textura contrapontística (que se adensa) – um fugato tonal[49] a cinco vozes liderado pelas cordas. A

---

48 Como no quarto movimento da sinfonia n.8 op.93 em fá maior (1812). Há, entretanto, grande diferença: na Oitava sinfonia, fá é primeiro grau, não terceiro.

49 Fuga ou fugato tonais são aqueles que, ao contrário dos reais, trazem nas apresentações transpostas dos temas, em especial nas respostas, modificações intervalares estruturais. Sempre que uma distinção for necessária, o tema de uma fuga ou de um fugato será chamado de sujeito se aparecer na sua forma original e será chamado de resposta se aparecer em versão que mantenha distância de quinta ou de quarta em relação ao sujeito (assumindo a dominante se este assumir a tônica ou vice-versa).

formação parece ocorrer mais no âmbito da textura, pois o tema e o contratema do fugato em si praticamente já apresentam o primeiro tema da exposição: estão em jogo a construção do *tutti* e o *crescendo*, que atinge *fortissimo*. Dá-se espaço, aos poucos, a um pedal que impõe a harmonia de dominante. Se no outro movimento a textura contrapontística parece dar novo início à música (63), aqui a transformação dela em melodia e harmonia, o que se consuma com o surgimento da exposição (57), resolve a tensão crescente. Justamente essa tensão depõe contra qualquer abordagem que esqueça que este *scherzo* não trata só da paródia, já que a ansiedade aqui não é menor do que a do início do primeiro movimento.

O tema do fugato, cuja cabeça é o próprio "m_1", dura quatro compassos (segundos violinos com sujeito, a partir do 9), assim como o contratema (os mesmos com contrarresposta, 13, violas com contrassujeito, 17). O sujeito passa por quinto, primeiro e segundo graus, e a harmonia que o acompanha tende a ser de dominante e tônica. Já a resposta (encabeçada primeiramente pelas violas, 13), tonal, passa por primeiro, quinto e sexto grau elevado, e sua harmonia tende a ser de tônica, dominante menor e dominante da dominante. Como na introdução, há relações de quinta justa descendente (entre inícios do primeiro e do segundo compasso do sujeito) e de quarta justa descendente (entre inícios dos compassos equivalentes da resposta), o que traz à memória "a" e as formações do primeiro movimento. As entradas temáticas demonstram a seguinte ordem: segundos violinos (9), violas (13), violoncelos (17), primeiros violinos (21) e contrabaixos (25). Assim, à exceção da quarta entrada (acima das anteriores), elas são descendentes, outra semelhança em relação às construções de "a". Um contraponto livre de quatro compassos quase constitui segundo contratema (segundos violinos, 17, violas, 21, violoncelos, 25, e primeiros violinos, 29) – baseia-se no início do contratema e em notas repetidas, importantes para o efeito de tensão.

Figura 21. Sujeito e contrarresposta do fugato (9-16).

Além de integrar aspectos da formação já comentados, segundos violinos preparam a entrada da quarta voz (primeiros) no 20. Trabalham com o contratema, processam com retrogradação e inversão o material dos seus três primeiros compassos a partir do 21 e fazem com que seus dois últimos compassos se juntem a repetições da nota lá a partir do 25. Promovem sua transposição completa entre 29 e 33, invertem seus compassos iniciais entre 33 e 35 (em oposição aos violoncelos) e voltam às repetições (de lá) entre 35 e 37. Usam seu último compasso como base para agrupamentos de duas notas entre 37 e 39, recuperam o agrupamento de três notas no 40 (com desenho originado do final do tema) e mostram-no inteiramente (como contrassujeito) entre 41 e 45. Do 45 ao 55, refazem seus dois últimos compassos cinco vezes, as primeiras três a partir de mi, as outras duas a partir de dó sustenido.[50] Entre 55 e 57, valem-se duas vezes do seu penúltimo compasso.

Até o 23, oboé segue (apenas nos tempos fortes[51]) a linha dos segundos violinos, dobrando primeiros entre 33 e 37. Entre 37 e 39, oboés seguem primeiros e segundos. Por meio deles, dobram-se primeiros entre 41 e 56 e também segundos a partir do 51 (no 56 por uníssono e terça inferior).

Violas, por sua vez, apresentam os três últimos compassos do tema, sobre o segundo grau, do 25 ao 28. No 28, insinuam a união entre o fim dele e o início do contratema, deslocada no compasso. Entre 29 e 33 restabelecem de forma alterada o que segundos violinos executam entre 25 e 29 (afirmando uma característica deste

---

50 A essa altura o pedal de dominante já está definido, bem como a harmonia de dominante (com eventuais bordaduras de quarta e sexta).
51 O efeito gerado é o de estabelecimento de pulso, num segundo plano.

fugato: o reaproveitamento máximo de contrapontos livres, que se tornam familiares, quase como contratemas). Reciclam o último compasso do tema no 33 e no 34, seu segundo compasso no 35 e referem-se indistintamente ao tema e ao contratema no 36.[52] Entre 37 e 40 invertem os três primeiros compassos desse último, entre 39 e 41 fazem reaparecer seus primeiros dois (na forma de contrarresposta) e entre 41 e 45 repetem a nota lá e reconstroem seus três últimos compassos (a relação entre o primeiro e o segundo é alterada, e o terceiro é invertido, antecipando o que lhe sucede). Então assumem cinco inversões dos seus dois últimos compassos, do 45 ao 55, sendo as três primeiras a partir de si bemol e as duas últimas a partir de sol. Assumem também duas inversões do penúltimo compasso, do 55 ao 57.

Um dos clarinetes segue (tempos fortes apenas) as violas até o 22. Seguem-nas, de forma complementar, os dois clarinetes, do 33 ao 37. O primeiro então se associa aos segundos violinos entre 37 e 40, integrando com o segundo um pedal de dominante (envolvendo contrabaixos e trompas) a partir do 45.

Estendendo o citado contraponto livre que quase constitui segundo contratema, violoncelos repetem as notas lá e mi a partir do 29. Invertem os últimos dois compassos do contratema a partir do 31 (em oposição a segundos violinos e contrabaixos), reintroduzindo-o na forma de contrassujeito entre o 33 e o 37. Como os segundos violinos, porém em movimento contrário, promovem agrupamentos de duas notas entre o 37 e o 39. Entre o 39 e o 41, aproveitam os últimos dois compassos do contratema, invertendo o último. Então, do 41 ao 45, utilizam duas vezes segundo e terceiro compassos dele, invertidos na segunda vez. Com isso, refazem segundo e terceiro compassos do sujeito no 42 e no 43. Do 45 ao 56 reforçam as violas, terça abaixo; no 56 fazem algo similar com os segundos violinos, décima abaixo.

---

52 De acordo com a edição Bärenreiter e com o manuscrito digitalizado da Biblioteca Estadual de Berlim (*Staatsbibliothek zu Berlin*) (cf. bibliografia).

Do 35 ao 37, após apresentarem sua versão do contraponto livre que quase constitui segundo contratema e dois compassos adicionais, primeiros violinos recuperam os primeiros dois compassos do contrassujeito. Aparecem com a contrarresposta completa em seguida, a partir do 37. Entre 41 e 45 recobram o que violas traçam entre 37 e 41, agora com os primeiros dois compassos do contrassujeito aparecendo no fim (perfeitamente vinculados ao segmento posterior). Então, entre 45 e 55 executam os últimos dois compassos do contratema cinco vezes, nas três primeiras na forma de contrassujeito (antecipando segundos violinos) e nas duas últimas a partir de mi (sendo antecipados por eles). Como outras vozes, no 55 iniciam sexta repetição, que não prossegue. Reinserem "m_1" no 56, convenientemente ausente desde o 26.

A partir do 21, flauta segue primeiros violinos (apenas tempos fortes). Fielmente os reproduz no 25 e volta a segui-los entre o 26 e o 29. A partir do 37, as duas flautas reproduzem sua contrarresposta, mas entre o 41 e o 55 se separam deles para firmar pedal de dominante, aparecendo nos terceiros tempos. No 55, uma preenche o compasso com o pedal, outra volta a dobrá-los. No 56, as duas se juntam a eles, então com "m_1", que preserva o pedal.

Contrabaixos encabeçam o processo do pedal de dominante, estabelecendo-o a partir do 32 (o último compasso da contrarresposta já o indica). No 56, encaminham-se para ré, aludindo ao quarto compasso do tema, primeiro, segundo ou, por inversão, penúltimo do contratema (em uso pelas outras vozes).

Até o 25, o primeiro fagote segue os violoncelos. A partir de então, os dois fagotes seguem os contrabaixos, permanecendo assim até o 33. Nesse ponto, volta certa correspondência com os violoncelos, mas de forma irregular. Então os fagotes reforçam os terceiros tempos entre o 45 e o 55, seguindo violas e violoncelos a partir do 45 e violas e contrabaixos a partir do 51. Reproduzem de forma revezada esses dois últimos grupos entre o 55 e o 57.

As trompas param de seguir os violoncelos no 23, dirigindo-se eventualmente aos contrabaixos entre o 25 e o 30. Parte delas regularmente segue a estes entre o 32 e o 56, tendo apoio dos trompetes (a partir do 40) e mantendo o pedal mesmo quando os contrabaixos se dirigem a ré, no 56. Outra parte enfatiza as notas ré e fá, nos primeiros e nos terceiros tempos, entre o 42 e o 56.

O primeiro tema (57-77) da exposição (57-151) de "A" combina sujeito e contrassujeito do fugato na sua parte principal (57-65). Surgem repetição do contrassujeito concretizando padrão (65-69), sequência em dó maior (69-73), condensação (73-75) e liquidação (75-77). A transição harmônica já ocorre na sequência, mas sem cadência. Esta só se nota na transição propriamente dita (77-93), harmonicamente estável, que reafirma dó maior. Sua posição é de neutralidade entre dois polos distintos de perfil temático definido, e seu papel harmônico será maior na reexposição. É formada por duas frases simétricas e semelhantes que colocam "m_1" nas cordas e a melodia tanto nelas quanto nas madeiras, preparando pela importância dada a essas últimas o segundo grupo temático de "A" (93-151).[53] Sua primeira frase (77-85) estabelece sol maior, fá maior com nona, ré menor, si diminuto com sétima, dó maior, dó menor (como uma espécie de subdominante menor da dominante[54]) e sol maior. A estrutura da segunda frase (85-93) revela discreta alteração, com dó (no lugar de sol) no 86 e sol maior com nona (no lugar de si diminuto com sétima) no 89.

Figura 22. Parte principal do primeiro tema da exposição (57-64).

---

53 Pode parecer estranha a menção a um segundo grupo temático quando não há primeiro grupo, mas, sim, primeiro tema. Entretanto, não se pode deixar de ressaltar a relação ordinal entre dois polos temáticos.

54 Há também aspecto de dominante com quarta e sexta (pelo fato de a nota sol estar na voz mais baixa) e passagem cromática gerada pelo aparecimento de mi bemol. Um trecho do *scherzo* da *Hammerklavier* vale-se de procedimento notavelmente semelhante (compassos 21 e 22).

Dó maior é tonalidade estranha para um segundo grupo temático de uma forma-sonata em ré menor. É fisicamente intermediária entre ré menor deste movimento e si bemol maior do próximo. Permite que o material nela apresentado seja destacado na reexposição, pois então ele se faz tom acima, em ré. O segundo grupo temático divide-se em quatro temas ou partes.

O perfil melódico da primeira parte (93-109) tem parentesco com o tema anterior pela construção predominantemente em graus conjuntos, estes de início partindo da tônica, estabelecendo movimentação ascendente e descendente. O fragmento "m_1" é outro ponto de ligação, mas adquire diferente função aqui: é mais acompanhamento que elemento principal.[55] Como na última parte da transição do primeiro movimento, antecipa-se o tema da *Ode à alegria* (a frase inicial promove alusão direta nos seus primeiros três compassos). Problemas de equilíbrio sonoro que fizeram com que Wagner alterasse o trecho (reforçando as madeiras) não ocorriam necessariamente na orquestra beethoveniana, com cordas de tripa.[56]

Figura 23. Primeira parte do segundo grupo temático (93-96).

A respeito das quatro frases de quatro compassos encontradas, a segunda é uma sequência terça acima da primeira, e a terceira e a quarta são, respectivamente, variações da primeira e da segunda. Num pedal de dó, identificam-se dó maior, fá maior, ré menor e si

---

55 No *scherzo* da *Hammerklavier* há intercâmbio de funções comparável, envolvendo estrutura definida por colcheia-pausa-colcheia-pausa, na seção "A" conclusiva e na "B" introdutória.
56 Paralelamente, Wagner propôs alterações na parte dos trompetes no início do último movimento e na sua repetição. Outros regentes também modificaram a obra, como Gustav Mahler (1860-1911) e Toscanini (cf. Levy, op. cit., p.178, 183).

diminuto. A ideia de deslocamento presente desde o início é trocada por relativo estatismo decorrente da repetição de novas estruturas. Já a segunda parte (109-127), também lembrando o tema da *Ode à alegria*, proporciona um desatamento, voltando o impulso harmônico. Estabelecem-se dó maior, fá maior, si diminuto e mi menor num círculo de quintas (109-117), com diálogo entre madeiras ("m_1" mais perfil do segundo compasso do primeiro tema da exposição) e cordas ("m_1" mais perfil do quarto compasso). Dois fragmentos assimétricos e em *legato* (117-127) dão continuidade, de início retendo o impulso. O primeiro (117-123), por meio dos primeiros violinos, apresenta alargamento da primeira frase do segundo grupo temático. Dó maior com a sétima menor no baixo (117) mantém-se apesar da movimentação de violinos e violas (formando-se proeminente quarta no lugar da terça no 119), e a próxima harmonia a inserir-se solidamente é a de fá sustenido meio-diminuto (121), seguida por dó maior com a quinta no baixo (122). O segundo fragmento (123-127) reconstrói os últimos quatro compassos do primeiro (essencialmente nas madeiras).

Figura 24. Segunda parte do segundo grupo temático (109-116).

Figura 25. Alargamento da primeira frase do segundo grupo temático (117-122).

Arpejos progressivos, descendentes, deslocados no compasso e em encadeamentos de tônica e dominante perfilam a terceira parte (127-135), sem "m_1". Eles se fazem sobre terceiro, segundo, primeiro e sétimo graus, em dois grupos de quatro compassos.

Figura 26. Terceira parte do segundo grupo temático (127-131).

A quarta e última parte (135-151) do segundo grupo temático reafirma de início as conclusões harmônicas efetuadas na terceira, com novas ocorrências de tônica e dominante (135-139).[57] Depois (139-143), demonstra linhas em movimento contrário na dominante – madeiras *versus* cordas –, sugerindo sutilmente o contratema do fugato e, devido a isso, também o retorno ao início, permitindo assim que o trecho seja comparado ao fim da exposição do primeiro movimento (que também manifesta especial ligação com construções anteriores a ele). Então, por terças descendentes, há movimentação para ré menor (143-151), sem modulação nem cadência, apenas com acordes comuns às tonalidades dos dois polos temáticos: dó maior, lá menor, fá maior e ré menor. Com esse último segmento, tanto se prepara a repetição indicada na partitura quanto já se inicia, com um padrão, o desenvolvimento de "A" (143-268, dividido em três partes: 143-177, 177-260, 260-268).

Figura 27. Quarta parte do segundo grupo temático (135-138).

Padrão mencionado (143-151), sequência (151-159), três condensações de quatro compassos cada (159-171) e liquidação (171-177) marcam sua primeira parte. A sequência passa por ré menor, si bemol maior, sol menor e mi bemol maior. Nas três condensações, ainda por terças descendentes, há mi bemol maior, dó menor, lá be-

---

57 Entre 135 e 139, madeiras apresentam figuração que se relaciona com a terceira parte, mas sem constituir progressão.

mol maior, fá menor, ré bemol maior, si bemol menor, sol bemol maior, mi bemol menor, dó bemol maior, lá bemol menor, mi maior (enarmonia de fá bemol maior) e dó sustenido menor. A liquidação é feita de três fragmentos de dois compassos cada, transformando o plano de terças descendentes em plano de semitons ascendentes: lá maior, lá sustenido e si bequadro. Os semitons não são estranhos ao trecho, aludem diretamente ao percurso da sequência (de ré menor a mi bemol maior), por sua vez relacionado ao padrão. O macro introduz o micro.

A partir de um falso ou certamente anômalo fugato (177-260), correspondendo à segunda parte do desenvolvimento, é possível indicar com mais firmeza a paródia do primeiro movimento (de qualquer forma identificável em momentos anteriores pelas alusões ao mesmo), que tem em seu desenvolvimento um longo episódio contrapontístico. Pode-se encontrar também a autoparódia: o falso fugato (cuja linguagem não é verdadeiramente a desse tipo de construção, embora sua textura indique o contrário) é, em verdade, distorção do fugato inicial do *scherzo*, com o tema frequentemente cortado, abrangendo três compassos. Há um novo contratema, quase sempre de três compassos também, com características repetições de notas em seu começo (primeiro fagote, 180, primeiro oboé, 183).

Figura 28. Tema cortado e novo contratema (177-182).

Com as linhas melódicas comumente dobradas em terças e com o material principal nas madeiras, ocorrem três entradas em mi menor (177-186) e três em lá menor (186-195), constituindo-se a primeira das cinco partes do falso fugato. As imitações são à oitava, com a terceira imitação de cada grupo reincidindo na mesma voz (ou no mesmo instrumento) da primeira. Encontram-se desde o 177 as indicações *ritmo di tre battute*, como se o trecho fosse em compasso 9/4 – o agrupamento em unidades compostas é potencial iminente no *Molto vivace* desde o início (na maior parte da exposição já se percebe tendência a agrupamentos quaternários, comuns nos *scherzi* beethovenianos).

Num fragmento que se parece com um episódio dentro do falso fugato – sua segunda parte (195-225) –, "m_1" aparece de início nos tímpanos, que forçam a mudança para fá maior (que se insere como sexto grau de lá). Isolados, impulsionam grupos de três compassos ("m_1" mantém função comparável à de cabeça temática por algum tempo) e quebram o estatismo da dinâmica, estabelecendo contraste anômalo que exemplifica o humor grotesco, o "ogro" adorniano. No 208, entram com "m_1" mais uma vez, mas atrasados um compasso, não mais isolados e em *diminuendo*. O decréscimo na dinâmica não é exclusividade deles, toda a música passa a se conter, e, se no fugato da formação a energia aumenta, aqui se dissipa. A partir de então (209-225), com cordas ganhando importância, metais e madeiras realizam "m_1" atrasado – no segundo compasso dos grupos de três. A harmonia enfatiza ré menor a partir do 213.

À maneira da primeira parte, a terceira (225-234) apresenta três entradas em ré menor.

Com a indicação *ritmo di quattro battute*, inicia-se a quarta parte do falso fugato (234-248), com um falso *stretto* que simula o efeito auditivo da técnica. Até o 260 (já na retransição) as áreas de ré menor, dó menor (238) e mi bemol maior (242) se sobressaem, e até o 284 (já na reexposição) há no mínimo uma formação de "m_1" por compasso. O novo contratema é encontrado com um compasso adicional na flauta entre 234 e 238; e, em meio às falsas ou deslocadas entradas, ocorrem apresentações (nem sempre claras) do tema com quatro compassos de duração nos contrabaixos (234), nos segundos violinos (238) e novamente nos contrabaixos (242). É incompleta[58] a entrada seguinte nos primeiros violinos (246). A linha deles já se destaca pouco antes, a partir do 242 aproximadamente, quando ga-

---

58 *Ritmo di quattro battute* aqui, como *sempre quattro semicrome* no início do último movimento da *Hammerklavier*, exige flexibilidade.

nha apoio das madeiras, cancelado no 246. O cruzamento entre primeiros e segundos violinos nesse mesmo compasso gera forte e mútua interferência (agravada pela associação irregular da flauta aos segundos no 247): este e outros exemplos (como o da entrada dos contrabaixos no 234) indicam que clareza sonora não é prioridade do trecho, que assim conduz a escuta à textura. Só se vista na partitura a polifonia é mais bem ouvida.

Na quinta e última parte do falso fugato (248-260), si bemol maior com sétima menor, dominante, sustenta-se entre 248 e 252, estabelecendo pedal de si bemol, intrigante parada, *pianissimo*. Os quatro compassos seguintes (252-256) recuperam a movimentação das semínimas, formando mi bemol maior sobre o pedal. Retorna a harmonia imediatamente anterior a esta (256-260), mas, pelo que se segue, porta-se como acorde de sexta alemã: mais um duplo sentido do compositor na obra, que numa manobra irônica engana o ouvinte e mesmo o leitor da partitura.

Sumariamente recuperando ré menor, a retransição (260-268), terceira e última parte do desenvolvimento, constrói-se unicamente sobre a tônica em segunda inversão – ou dominante com a sexta e a quarta no lugar da quinta e da terça. Lá maior não aparece, é posto de lado como nos compassos 16 e 34 do primeiro movimento, e a tônica com a fundamental no baixo só é notada novamente a partir do 268 (início do próximo segmento).

Há semelhanças entre a reexposição no primeiro movimento e a reexposição em "A" do *scherzo* (268-388), semelhanças mais relacionadas ao sublime do que à paródia. Ambas as reexposições são preparadas rapidamente e por meio de cromatismos ascendentes (violoncelos no compasso 295 do primeiro e primeiros violinos no 260 do segundo). Além disso, apresentam pedais (no *scherzo*, pedal de tônica) em meio a sonoridades desmedidas. Como a reexposição do primeiro movimento, a de "A" do segundo relaciona-se ao sublime do horror: as repetições adicionais de "m_1" entre 268 e 272 (*fortissimo* e *tutti*) têm qualidade histérica; e, num dos exemplos mais locais possíveis de sublime, no 272 o tímpano transborda "m_1" e impõe nove colcheias em tercinas numa sucessão rapidíssima (17,4 notas por segundo no andamento indicado), seguida por semínimas. O que se tem entre 268 e 280 é a parte principal do primeiro tema (268-296), como antes em ré menor, mas expandida.

Os primeiros quatro compassos da parte posterior (280-296, com caráter de extensão) repetem seus antecessores, como na exposição. Mas a partir do 284 ocorrem mudanças sólidas em relação a ela. Oboés e clarinetes valem-se de variação da inversão do contratema do fugato original (284-286) e de fragmento transposto da parte principal (285-288), gerando as linhas das flautas,[59] dos violinos e das violas. Cordas graves e fagotes opõem-se parcialmente a eles. Do 288 ao 290, estabelece-se padrão baseado no contratema, com sequência tom acima (290-292). Entre 292 e 296, verifica-se segmento único sobre o início do contratema, estendido, com a presença de movimento contrário, fruto de inversão. Passa-se por ré menor, sol menor (284) e si bemol maior (290).

A transição (296-330) é ampliada na reexposição, adquirindo importância harmônica não encontrada anteriormente. Inicia-se em si bemol maior, com frase de oito compassos que lembra especialmente aquela notada entre 85 e 93, mas com sua linha superior original ausente e com a parte que era do segundo clarinete em evidência. A frase demonstra si bemol sem terça, mi bemol maior com nona, dó menor, fá maior com sétima, si bemol maior, si bemol menor e fá maior.

A estrutura seguinte (304-314) dura dois compassos a mais do que o esperado, pois no 304, no 305 e na cabeça do 306 há a mudança para ré por meio de uma simples descida de meio tom (de si bemol para lá). Recorda, posteriormente, as frases da transição da exposição, mas como se a linha mais baixa original estivesse ausente. Há um pedal inferior de dominante nas trompas que interfere na harmonia – constatam-se lá (sem terça) com sétima e nona (maior e depois menor), ré maior, ré menor e lá maior.

---

[59] Na segunda flauta, revela-se fragmento maior da parte principal do primeiro tema, entre 285 e 290.

Nos próximos oito compassos (314-322) a construção é similar, mas sem a descida de meio tom, com maior participação das cordas e menor das madeiras. Há lá (sem terça) com sétima e nona (menor apenas), ré maior, sol sustenido diminuto (sem terça) com sétima e nona e lá maior com sétima. Os últimos oito compassos da transição (322-330) estabelecem lá, si maior com sétima, mi menor, lá maior com sétima, ré maior, ré menor e lá maior com sétima. Apesar da harmonização relativamente original, pode-se relacionar o fragmento a construções passadas, bastando que se note a linha nos fagotes e nos contrabaixos.[60]

O segundo grupo temático (330-388) é em ré na reexposição. Seu primeiro tema (ou primeira parte) organiza-se em modo maior (330-338) e menor (338-346). Como na reexposição do primeiro movimento, o jogo entre maior e menor é usado para fins expressivos: pode-se certamente constatar a esta altura que as referências do *scherzo* ao movimento que o antecede não apenas não se limitam à paródia, mas também não se limitam aos planos locais (perfis de melodia, aspectos harmônicos imediatos, por exemplo), ocorrendo solidamente em planos globais e conceituais da composição. A presença em ambos os movimentos de segmentos iniciais de formação temática e os traços comuns de suas reexposições, como a alternância entre modos aqui mencionada, confirmam isso.

O restante do segundo grupo temático firma ré menor. Nesse contexto, no seu segundo tema (346-364), após um esperado círculo de quintas – ré menor, sol menor, dó maior e fá maior (346-354) –, ré maior com a sétima menor no baixo (354) não tem a resolução da sétima (355) atrasada, contrariando a exposição. A ênfase passageira dada a sol menor é neutralizada no 357, por meio da nota lá bemol, realçando o segundo grau rebaixado. Dão continuidade o usual segundo grau diminuto, 358, e o quinto com sétima, 359. Os compassos seguintes (360-364) reconstroem os quatro anteriores, des-

---

60 Presente em todos os trechos anteriores desta transição e da transição da exposição.

tacando mais o segundo grau rebaixado (360 e 361). São seguidos pelo terceiro tema do grupo temático (364-372), com seus arpejos descendentes deslocados, essencialmente sobre as harmonias de dominante e tônica, brevemente com dominante da dominante com sétima no 367. O quarto tema (372-388) difere do segmento equivalente da exposição pelo uso de arpejos de dominante com sétima (no lugar de graus conjuntos) entre 376 e 380 e pelo percurso harmonicamente estático entre 380 e 388 (apenas com movimentação melódica sobre ré menor), que o fecha.

Tal percurso diz respeito a três porções formais: o abordado fim da reexposição original, o início da repetição do desenvolvimento e parte do prolongado fim da reexposição na sua repetição. A maioria das interpretações dispensa o *ritornello* indicado no compasso 399a, mas devido a ele a reiteração do desenvolvimento inicia-se (em relação à apresentação original) com padrão alterado (380-388a) e sequência estendida (388a-400), afirmando ré menor, si bemol maior e mi bemol maior. Já no caso do fim da repetição da reexposição, o quarto tema do segundo grupo temático amplia-se, acabando no 396b. O segmento adicional (388b-396b, revelando simetria com o que o antecede) esboça ré menor, si bemol maior, sol menor e lá maior, nitidamente no contexto de ré.

Na *coda* de "A" (396b-414), que conduz ao trio, há um padrão baseado no primeiro tema da exposição (396b-400, com harmonias de dominante, tônica, dominante da subdominante e subdominante), marcado por uma entrada incompleta e deslocada no 398b (madeiras). A repetição vem em seguida (400-404), bem como quatro condensações de dois compassos cada (404-412, sobre tônica e dominante, impulsionadas de certa forma pela entrada deslocada), *stringendo il tempo*. A liquidação (412-414, com dominante e tônica alternando-se) introduz o *Presto* e o compasso 2/2 do trio por meio de estrutura que lembra as sucessões de "a" no início do movimento anterior e que comprime "m_1", portanto sendo também estágio mais radical de condensação. Não se sabe o valor metronômico desejado por Beethoven para o *Presto*: num encontro com o compositor em 27 de setembro de 1826, seu sobrinho Karl van Beethoven (1806-

1858) anota 116 mínimas por minuto (mas a indicação entra em conflito com o *stringendo* anterior), já 116 semibreves aparecem pela primeira vez na edição Breitkopf de 1864, e 160 mínimas são ainda outra possibilidade (Mar, op. cit., p.116).

Figura 29. Referências a "a" do movimento anterior e a "m_1" (412-414).

O trio (seção "B", 414-531) em ré maior, destacando instrumentos de palheta, trompas, notas pedais e simplicidade de orquestração, tem caráter pastoral. Suas estruturas traçam ritmo em maior escala por meio de frases que se repetem e se complementam, diminuindo o fluxo. Com um acompanhamento derivado do contratema do fugato, surge mais uma alusão à *Ode à alegria* (havendo relação também com o segundo grupo temático de "A") na melodia principal. Os começos de frases nas metades dos compassos fazem Levy (op. cit., p.73) ver relação com o *enjambment*[61] da poesia.

Como a seção "A" anterior e o primeiro movimento, a estrutura é binária cíclica.[62] Há "c" na sua primeira porção e "d" e "c" parcial ("c_a", então com caráter reexpositivo) na sua segunda. Forma-se "c-d-c-d-c" com as repetições indicadas na partitura, que fazem com que a segunda apresentação de "c" seja completa. A terceira é incompleta, mas a *coda* de "B" a acompanha.

Três partes compõem "c" (do 414 à metade do 454): a citada "c_a", "c_b" e novamente "c_a". A primeira parte expõe duas frases semelhantes (do 414 à metade do 418 e da metade do 418 à metade do 422a), reapresentadas em seguida (barra de repetição), sendo que a

---

61 O começo de uma linha poética no final da anterior.
62 Apesar de "c" revelar fechamento harmônico (em ré maior) (cf. Green, op. cit., p.85).

segunda frase pontua a estrutura com pausa. A harmonia passa por tônica, subdominante (417) e dominante (418). A primeira participação do trombone na sinfonia ocorre no 414.

Figura 30. Início de "c_a" (414-418).

Duas frases simétricas são apresentadas em "c_b" (da metade do 422b à metade do 438), sendo a segunda uma reconstrução levemente alterada da primeira, com um contraponto substituto fragmentado e rico em bordaduras que varia no 432 e no 433 o que violinos fazem no 424 e no 425. A harmonia desloca-se por todos os graus de ré maior, ocasionalmente se valendo da dominante da dominante (425, 433).

Figura 31. Início de "c_b" (422b-430).

Quando "c_a" posteriormente volta (do 438 à metade do 454), numa trompa está a melodia principal, em outra está um pedal de ré (eventualmente inferior).

No segmento contrastante do trio (454-475), "d", há a afirmação predominante de lá maior, com estabilidade inicial e pedal (este entre o 454 e a metade do 469). A primeira frase (do 454 à metade do 458) apresenta a linha que caracteriza "c_a" no fagote, com acompanhamento no oboé que troca de oitava no final do 456 e se diferencia do esperado. Demonstra não só harmonias imediatamente relacionadas a lá maior, pois esboça também a dominante de sua subdominante (456). Há o encurtamento de fragmentos a partir da metade do 458, ponto em que um *legato* diferencial se insere nas semínimas (lembrando "c_b"): notam-se quatro fragmentos de dois compassos cada (da metade do 458 à metade do 466) e cinco de um (da metade do 466 à metade do 471). Uma frase posterior (da metade do 471 ao 475), subdivisível, encerra "d". Lá maior com sétima menor e nona maior, com aspecto de dominante (mas com a sensível secundária lá sustenido ambiguamente enfatizando si), é harmonia sugerida entre o 462 e o 466, reestruturada sem nona entre o 466 e o 469. No 469, fá sustenido na linha melódica e mi diminuto no plano vertical insinuam menos ré maior do que ré menor. Este ganha peso com fá maior no 473, por sua vez cercado por sua dominante com sétima. Lá maior volta no 474, precedendo a antecipação de ré maior no mesmo compasso.

O "c_a" (do 475 à metade do 491) posterior a "d" tem por extenso suas reiterações, que diferem entre si em pequenos detalhes. O 490, por meio dos violinos, revela caráter mais conclusivo do que seus equivalentes, 486, 482 e 478. A orquestração do segmento é mais ampla, com um pedal de lá no interior da tessitura (trompas e oboés, 475-490). Com o retorno à metade do 422b indicado na metade do 491a, a forma, como já se pôde mencionar, expande-se.

A *coda* do trio (491b-531), marcada por estabilidade (quase total) em ré maior e pedal inferior de tônica, divide-se em duas partes, do 491b ao 523 e do 523 ao 531. A frase inicial (do 491b à metade do 495) da primeira apresenta a linha que caracteriza "c_a". É então aproveitada a ideia de "d" por encurtamentos dessa linha (quatro pequenos fragmentos, da metade do 495 ao 503, os três primeiros durando dois compassos). A seguir, dão-se afirmações cadenciais de tônica e dominante (do 503 à metade do 507), os encurtamentos são reconstruídos (da metade do 507 ao 515) com alterações melódicas e orquestrais, e estabelecem-se novamente as afirmações cadenciais (ampliadas, 515-523).

A segunda parte, por sua vez, é uma retransição para a seção "A". O material do acompanhamento de "c_a" faz-se *legato* na metade do 523 (lembrando "c_b" e "d", este a partir do 458), mas aqui não atua como acompanhamento, pois é a única estrutura melódica. Cinco fragmentos são coordenados (do 523 ao início do 525, do início do 525 ao início do 527, do início do 527 ao início do 529, 529, e 530), com extremo relaxamento harmônico devido à alternância entre tônica e subdominante (em vez de tônica e dominante). A subdominante menor aparece no 530 e indiretamente reinsere ré menor, impedindo uma conclusão e, pela mudança de colorido, evocando a seção "A". Pelo que a antecede, esta reaparece de maneira "surpreendente e esperada", exemplificando palavras de Beethoven (Schoenberg, 1991, p.186).

Após a recorrência da seção "A" (1-396b, então sem repetições internas), vem a *coda* do movimento (531-559[63]), muito próxima do que se encontra logo antes da chegada do trio. Ocorre até mesmo falsa e breve volta a este (549-556), bem como à liquidação que o introduz (547-549). Entretanto, após interrupção num significativo compasso de pausa (556), justamente tal liquidação retorna mais uma vez (557-559), encerrando-se o movimento como o primeiro, com quinta justa descendente, mas então com o modo maior subentendido. Ironia aqui, mesmo brincadeira, é o fato de a volta ao trio (a despeito da diferente orquestração) dar a impressão de que o *scherzo* pode continuar indefinidamente. Não continua já que o trio é bruscamente contido pelo mesmo material que o impulsiona. As repetições labirínticas do *scherzo* (presentes em todas as suas seções) são mais um ponto a relacionar-se com o primeiro movimento. Novamente, demonstram-se afinidades estruturais entre eles, paradoxalmente com paródia (e autoparódia) instaurando-se.

---

63 Os compassos são contados de acordo com a instrução *da capo* no fim de "B".

Terceiro movimento

Tabela 3

Grande seção	Natureza estrutural/ subdivisões básicas			Harmonia
Seção "A" (1-25)	Introdução: "a" (1-3)			fá maior com sétima e nona
	Tema "T_1": "b" (3-25)			si bemol maior/ ré maior
Seção "B": *Ode à alegria* (da anacruse do 25 ao 43)	Tema "T_2": "c", "d" e "e"			ré maior/ fá maior com sétima
Seção "A" (43-65)	Variação I ("T_1")			si bemol maior/ sol maior
Seção "B" (da anacruse do 65 ao 83)	Variação I ("T_2")			sol maior/ si bemol maior com sétima
Episódio (83-99)	Referências a "b", "a", "c", "d" e "e"			mi bemol maior/dó bemol maior
Seção "A" (99-121)	Variação II ("T_1")			si bemol maior/ si bemol
Coda (da anacruse do 121 ao 157)	1ª parte (da anacruse do 121 ao 139)	*Análogo a antecedente* (da anacruse do 121 ao 131)		mi bemol maior/si bemol maior com sétima
		Análogo a consequente (da anacruse do 131 ao 139)		mi bemol maior/ fá maior
	2ª parte: referências a "T_1" (do 139 à metade do 151)			si bemol maior
	3ª parte: elementos cadenciais (da metade do 151 ao 157)			si bemol maior

Si bemol maior, área importante no primeiro movimento (e na obra inteira), retorna no terceiro como tonalidade principal, mostrando o Beethoven lírico às vezes obscurecido pelo heroico. Uma forma-rondó é sugerida, mas causa surpresa o episódio com dois centros tonais que lembra um desenvolvimento e evoca a sonata e, como Levy adota em sua análise, o rondó-sonata (op. cit., p.76-87). Tais evocações não parecem se confirmar, já que a isolada terceira aparição do primeiro tema é, como reexposição, insuficiente. Além disso, o processo de variação temática vai muito além do esperado, insinuando-se paralelamente tema e variações.

Objetivamente, há duas seções temáticas consecutivas, "A" (1-25, com o primeiro tema, "T_1", iniciado no terceiro compasso) e "B" (da anacruse do 25 ao 43, com o tema "T_2"). Uma variação de cada uma (do 43 ao 65 e da anacruse do 65 ao 83) e o episódio com dois centros tonais (83-99) aparecem na sequência. Então, surge a segunda variação de "A" (99-121) e a *coda* (da anacruse do 121 ao 157).

Em 4/4 e *Adagio molto e cantabile*, a introdução (1-3, já integrando "A") apresenta estrutura rítmica (colcheia e nota mais longa) que lembra "a" do primeiro movimento, recebendo essa mesma denominação. Há também imitações que se remetem às formações dos dois movimentos anteriores, construindo uma dominante com sétima e nona que se resolve na tônica si bemol maior, antes disso se apresentando enfático movimento de segunda menor na linha mais baixa (violoncelos, 2), alargamento de "a" quase obscurecido por sua própria expressividade. A segunda metade do 2 demonstra combinação rítmica eventualmente encontrada adiante, semínima pontuada seguida de colcheia (relembrando "m_1" do *scherzo*). A resolução antecipada na tônica no final do compasso se relaciona com a própria rítmica de "a".

Figura 32. Introdução (1-3).

Como no movimento equivalente da *Hammerklavier*, a introdução assegura o eco de um movimento anterior, neste caso, o primeiro. Outra semelhança entre os terceiros movimentos é a presença de uma escrita mais relaxada no que se refere às relações entre células ou motivos, de certo modo compensada por trechos de marcante complexidade fraseológica.

Nesse sentido, é possível ver em "A" um fluxo para a frente mais gerado pelas frases do que por outros fatores. Sua fraseologia reflete movimento, pois a complementaridade típica dos períodos (que contribui para o ritmo em maior escala) não é nela encontrada. A principal causa do fenômeno é a existência de frases principais e fragmentos secundários em "T_1". Estes se ligam àquelas e imitam seus fins, constituindo-se verdadeira teia.

A primeira frase principal de "T_1" (do 3 ao segundo tempo do 7) melodicamente se inicia por meio de duas quartas descendentes apresentadas pelos primeiros violinos, quartas que constituem "b", obviamente ligado aos inícios dos movimentos anteriores. Entretanto, é diferença importante em relação a esses o fato de as duas notas da primeira quarta assumirem as terças da tônica e da dominante.

Figura 33. Início de "T_1" (3-6).

Após essa frase, há o primeiro fragmento secundário (da anacruse do 7 ao segundo tempo do 8). Nele, uma imitação do final da frase principal anterior é apresentada pelas trompas e pelas madeiras. Algo similar acontece com segundo (do quarto tempo do 11 ao quarto do 12), terceiro (do quarto tempo do 14 ao quarto do 15) e quarto (do quarto tempo do 18 ao quarto do 19) fragmentos secundários em relação a correspondentes frases principais (segunda, da anacruse do 8 ao quarto tempo do 11; terceira, da anacruse do 13 ao 15; quarta, do terceiro tempo desse ao quarto do 18). A terceira frase principal reapresenta de forma alterada o início da segunda.

Depois do quarto fragmento secundário, madeiras (que até então se interpõem entre as frases principais com apoio de trompas) assumem a apresentação da quinta principal (do quarto tempo do 19 ao 25), que recupera a quarta à sua maneira, com ponte inicial (do quarto tempo do 19 à metade do terceiro do 20) e anexo (23 e 24, preparando-se a tonalidade seguinte). Cordas a partir do 23 sugerem indiretamente o primeiro movimento – as apojaturas dos violinos lembram a inversão de seu "a", e ré maior em primeira inversão no último tempo se refere ao seu desenvolvimento e à sua reexposição.[64]

Estabelecem-se em "A" predominantemente tônica e dominante (frequentemente com sétima), com variedade de inversões. Há eventualmente cromatismo (fá maior com quinta aumentada e sétima menor, 11), notas estranhas às harmonias provenientes do movimento melódico (violinos, 9, madeiras, 20) e outras funções, como dominante da dominante com sétima (5, 16 e 21), tônica relativa (9, 15 e 20, substituída pela tônica no 116 – segunda variação de "A"), subdominante (15, 16 e 21), subdominante relativa (com sétima no 10 e sem ela no 13, vindo dominante com sétima e nona em substituição no 53 e no 109 – segunda e terceira variações de "A") e dominante com sétima e sem fundamental (13, inserindo-se fundamental no 53 e no 109). Instaura-se sem preparação a já comentada

---

64 Bastando pensar-se, por exemplo, nos compassos 170 e 301 do movimento inicial.

harmonia de ré maior do final do 23 (encontrando correspondência não no 119, mas, sim, no 63).

O andamento muda para *Andante moderato*, a fórmula de compasso, para 3/4 – num esboço se encontra a indicação *alla Menuetto* (Levy, op. cit., p.34-5) –, e a tonalidade (sem qualquer dominante explicativa), justamente para ré maior. Começa "B" (da anacruse do 25 ao 43), com "T_2" valendo-se de "c" (cuja semelhança com "a" se evidencia na sua associação com a anacruse do 25 e na fragmentação proposta pelas madeiras), "d" (que lembra por retrogradação as semicolcheias de "b" do primeiro movimento) e "e". Apenas três pontos são adicionados ao metrônomo (que passa para 63 semínimas por minuto), mas a alteração é realçada pelo uso de figuras de menor valor. A despeito disso, num certo nível o discurso contém-se, tanto pela periodicidade que se opõe a "A" quanto pelo ritmo harmônico no geral pouco variável, sobre tônica e dominante, com perdas de sincronia devido às diferenças entre melodia principal e voz mais baixa, sincopada. Revelam-se dois períodos de oito compassos (da anacruse do 25 ao 41, com antecedentes e consequentes simétricos) e dois compassos modulatórios de finalização (41-43) que reconduzem a si bemol maior (no 41 uma cadência evitada reintroduz sua tônica, no 42 surge sua dominante com sétima), imitando o fim da estrutura fraseológica que os antecede quase como fazem os fragmentos secundários de "A". O segundo período (da anacruse do 33 ao 41) reconstrói o primeiro com novos detalhes, como o contracanto nos primeiros violinos e o *pizzicato* nos contrabaixos. É inegável a referência ao tema da *Ode à alegria* em "T_2", pelo início sobre a terça, pelo movimento ascendente e descendente e pela tonalidade. Paralelamente, a ascensão melódica no 27 traz à memória a encontrada no 16.

Figura 34. Início de "T_2" (25-28).

A segunda aparição de "A" (43-65), primeira variação, recupera seu andamento, sua fórmula de compasso e sua tonalidade. Entretanto, mostra-se impregnada de "d" nas formas original (44), retrogradada (43, evocando as semicolcheias de "b" do movimento inicial), comprimida (47) e expandida no plano intervalar (48). Eventualmente, reaparece "c" também, como no terceiro tempo do 43 e no primeiro do 44 (primeiros violinos). O resultado é uma seção "A" com as primeiras quatro frases principais (desta vez apoiadas pelas trompas e madeiras) marcadas na superfície por "B" e com a quinta principal e os fragmentos secundários pouco alterados. Promovem-se choques, como entre mi bemol e mi bequadro no início do 49 e entre si bemol e si bequadro no início do 50. Como no movimento equivalente da *Hammerklavier*, Beethoven apresenta todas as notas originais da melodia, mas elas estão radicalmente deslocadas no compasso em alguns momentos (56 e 57, por exemplo) e quase não podem ser consideradas estruturais em outros (52 e 53). Linhas internas remodelam-se em alguns pontos (como no 54, clarinete I), e a linha mais baixa, então predominantemente em *pizzicato*, aproxima-se do esperado. O ré maior perto do fim da seção (63) não mais corresponde à tônica da próxima tonalidade, mas, sim, à dominante. No final do 64, o duplo sentido harmônico é assegurado por sol maior, inesperado centro da primeira variação de "B" (da anacruse do 65 ao 83).

Assim, retorna o *Andante moderato* e o 3/4, mas desta vez as madeiras se destacam, e um pedal interno de dominante surge nas trompas. No segundo período (da anacruse do 73 ao 81), há novo contracanto nos primeiros violinos, notando-se também inédito acompanhamento arpejado nos segundos e nas violas, bem como liberdade na linha mais baixa ainda maior do que no primeiro período. Mantém-se o plano harmônico original, mas devido à transposição os compassos de finalização (81 e 82) conduzem à dominante si bemol maior (com sétima).

Mi bemol maior e dó bemol maior (com sua dominante já aparecendo no terceiro tempo do 90) são os dois centros harmônicos do já mencionado episódio (83-99) em 4/4 e com a indicação *Tempo I*.

Sua base é principalmente "b", mas há também "a" (fagote, 85), "c" (clarinete II, 84), "d" profundamente alterado (clarinetes, segunda metade do 86, evocando o 16 e o 27) e "e" (trompa, fim do 96). Nele, muda-se o caráter do movimento. O pensamento celular reaparece com toda a força, mas surpreendentemente a música para, percebendo-se um papel ativo da dinâmica para o efeito. As duas quartas descendentes de "b" permeiam a estrutura de diversas maneiras. No limite, manifestam-se até mesmo na união dos encadeamentos I-V dos dois centros harmônicos, convenientemente separados por terças maiores. Assim, constituem subtematismo até então pouco evidente, forçando reinterpretação do movimento que aproxime horizontalidade e verticalidade: insistências anteriores da tônica e da dominante ganham novo sentido, bem como a relação tonal entre a primeira seção "B" e a segunda "A" (também fundada na distância de terça maior). Este episódio e seus desdobramentos no movimento isoladamente bastariam para que se mostrasse discutível a identificação de um retrocesso estilístico na Nona (no contexto da fase tardia beethoveniana).

Em níveis locais, "b" aparece já de início no clarinete, no 83. Entre 85 e 90, ocorre três vezes na trompa – a segunda e a terceira aglutinam-se no 88. No 90, mostra-se com profundidade vertical nos clarinetes, pois o primeiro executa suas duas primeiras notas, e o segundo, suas duas últimas. A partir do 91, não mais se evidencia explicitamente como antes, mas a essa altura a textura contrapontística insinuada pelo menos desde o 85 se encontra amplamente solidificada. Mesmo com diferente andamento, tal textura pode ser comparada à percebida entre o 235 e o 249 do primeiro movimento da *Hammerklavier*.

Figura 35. Textura contrapontística no episódio (85 e 86).

É elemento paralelo o *pizzicato* nas cordas; seu ritmo inicial pode ser relacionado a "a". Torna-se mais rápido a partir do 87, preparando por meio de tercinas a iminente mudança de fórmula de compasso e o motivo "f" da *coda*. No 95, no 97 e no 98, opõe-se à inesperada homofonia.

Caracterizam o episódio frases interligadas e irregulares. As primeiras três são demarcadas pelo primeiro clarinete (começando no 83, na metade do primeiro tempo do 85 e na metade do segundo do 87). A quarta (do 89 à metade do terceiro tempo do 92) é iniciada por ele, mas é logo assumida pela trompa, que ganha relevo a partir do 90, fato interessante por coincidir com a mudança de centro tonal. O instrumento estabelece quinta, sexta e sétima frases (da metade do terceiro tempo do 92 ao 94, do 94 ao 96 e desse ponto ao 97), aparecendo no 96 seu famoso e traiçoeiro solo sobre a escala de dó bemol maior, mudando a textura (que já sofre abalo no 95). O 97 e o 98 compõem o *crescendo* que encerra o trecho, até então dinamicamente estável. No final do 98, a harmonia muda subitamente para si bemol maior em primeira inversão, convertendo anterior sol bemol maior com sétima em acorde de sexta alemã (mais uma ocorrência de duplo sentido harmônico na sinfonia).

A segunda variação de "A" (99-121) mantém o andamento do episódio, mas em 12/8, que permanece até o fim do movimento. Novamente, o plano harmônico é preservado com poucas variações. Além das já citadas anteriormente, há pedal inicial de fá no 99 e no

100, si bemol com segunda e quarta no 115, si bemol maior em vez de ré maior no final do 119 e fá maior com sétima e nona, ré diminuto e si bemol (implicitamente maior) no 120. Prepara-se com isso mi bemol maior, ponto de partida da *coda*.

Um esquema mais ou menos próximo do encontrado na linha original dos primeiros violinos é mantido nas madeiras, que elaboram também reconstruções de sua própria parte (fragmentos secundários) e de algumas porções do acompanhamento inicial. Enquanto isso, primeiros violinos apresentam ornamentação ainda maior que a encontrada na primeira variação, mantendo notas primordiais do tema[65] e em pelo menos um momento, na ligadura entre as duas notas mi bemol na metade do 110 (reproduzindo-se o 14), revelando fidelidade que beira o sarcasmo. Eles destacam (mais ainda que na primeira variação) o nível local e enfatizam a nova estrutura do compasso. As assincronias envolvendo primeiros violinos e madeiras firmam a heterofonia (já insinuada a partir do 48 na primeira variação de "A" – primeiros violinos *versus* clarinete I), definida por Pierre Boulez (1925) como "distribuição estrutural de alturas idênticas, diferenciadas por coordenadas temporais divergentes" (1972, p.121).

Já foi exposto que o motivo "f" da *coda* é antecipado no episódio. Na segunda variação de "A", outra antecipação dele se faz nos grupos de duas colcheias e uma semínima (na trompa em especial), a partir do 99. Entretanto, "f" é estranho ao que o antecede no movimento. Seus agrupamentos, ainda assim, lembram "a_c" do início da obra.

Figura 36. Início da *coda* (120-123).

---

65 No 101 se encontra, na parte dos primeiros violinos, segregação por registro das notas originais da melodia que mantém afinidade com o terceiro movimento da *Hammerklavier* (a partir do 88).

Na *coda* (da anacruse do 121 ao 157), novamente é mudado o caráter do movimento. Em sua primeira parte (da anacruse do 121 ao 139), depara-se com um pensamento macroscópico (verificável na escuta) reafirmando a já discutida primazia do todo: forja-se grande estrutura composta que lembra um período assimétrico. Nessa subseção-período, há *análogo a antecedente* (da anacruse do 121 ao 131) e *análogo a consequente* (da anacruse do 131 ao 139). Como nos períodos, tanto este quanto aquele se desdobram em duas partes, as primeiras mais parecidas entre si. Essas são sensivelmente menores que as segundas.

A primeira parte do *análogo a antecedente* (da anacruse do 121 ao 123) apresenta "f". O motivo, que prenuncia o início do *finale*, aparece primeiro de forma mais esparsa (separado pelos primeiros violinos, 121), depois em agrupamentos mais estreitos (122). Após mi bemol maior (a subdominante não é de forma alguma inesperada numa *coda* clássica), nota-se sua dominante si bemol maior, que reaparece após repetição da primeira harmonia, mas como subdominante de fá maior. Fá maior, vindo em seguida, logo perde a quinta e a terça num forte esvaziamento de textura, restando trompetes e trompas em *fortissimo* com sua fundamental.

A segunda parte (123-131) refere-se a "A" e subdivide-se em três elementos. O primeiro (123-125) inicia-se com "b" alterado nos primeiros violinos. Em relação a estes, fagote insinua *stretto* que não se sustenta, mas conta com participações posteriores de flauta e clarinete. Se a melodia dos violinos propõe duas quartas descendentes, a harmonia move-se de fá (de início implicitamente maior por causa do 122) para dó menor com a presença de subdominantes menores nas segundas metades dos compassos (de dó no 123 e de si bemol no 124). Dessa forma, horizontalidade e verticalidade parecem interligar-se.

O segundo elemento (125-127) quase se junta ao terceiro, entretanto tem equivalência no posterior *análogo a consequente* que este não tem. Os primeiros violinos fazem proposta melódica no 125 que, após apojatura, demonstra a extensão original de "b" – sexta maior descendente, a partir de ré. Flauta e oboé imitam a proposta grau acima, com meio compasso de defasagem e ampliação melódica (formando sétima menor). O 126 refaz o compasso anterior com variação, percebida principalmente nos primeiros violinos. Edificam-se neles, uma vez que "b" representa os dois primeiros compassos de "T_1", duas sínteses desses compassos, afirmadas até mesmo nas apojaturas, que lembram os inícios das variações. Verifica-se si bemol maior em segunda inversão (ou fá com a sexta e a quarta no lugar da quinta e da terça) e fá maior com sétima (no fim do 126 em primeira inversão).

O terceiro elemento (127-131) basicamente alterna si bemol maior e fá maior.[66] A segunda harmonia ocorre predominantemente com sétima, a primeira refaz-se no fim do 130 como dominante da subdominante (com sétima também). É notável na flauta e no oboé, no 127, no 128 e no 129, estruturação que em muito lembra o tema da *Ode à alegria*. A linha dos primeiros violinos gera trinado de caráter tímbrico por meio do aumento gradativo da velocidade das notas, processo característico do período tardio de Beethoven. Por sua vez, os fagotes e as trompas, com apoio dos clarinetes, apresentam segundo, terceiro e quarto compassos de "T_1" (do 127 à metade do 129), complementando-os as flautas com o quinto (a partir da anacruse do 130). Com a retomada do segundo compasso, as duas sínteses ocorridas no segundo elemento são contestadas, como se tivessem valido apenas um compasso. Assim, apesar de sua ligação com o segundo elemento, o terceiro desconcerta seu discurso (ilustrando-se a quebra da linearidade e a contradição da música pela própria música mencionadas anteriormente).

O *análogo a consequente* (da anacruse do 131 ao 139) tem primeira parte (da anacruse do 131 ao 133) praticamente idêntica à do *análogo a antecedente*, apenas com algumas alterações no preenchimento harmônico. No estendido primeiro elemento (133-137) da sua

---

66 Há eventualmente formação harmônica intermediária, dada pelas notas ré e fá (pouco antes das metades do 129 e do 130). Encontra-se fenômeno comparável nos compassos 457, 495, 501 e 538 do primeiro movimento.

segunda parte (133-139) há ecos de "f" (segundos violinos), e no segundo elemento (137-139) se faz apenas uma única síntese de "b" (137), já que no 138 se prepara a resolução na tônica (com a fundamental nas vozes extremas) que inicia a próxima subseção da *coda*. A ideia de imitação (esperada em razão do 125) é praticamente abandonada, mantendo-se nas três últimas colcheias do 137 e nas quatro primeiras do 138 (flauta, clarinete e fagote). A harmonia do primeiro elemento tem início em ré bemol maior, depois passa por lá bemol maior, lá bemol menor com sexta e si bemol maior com sétima. Mi bemol menor (subdominante menor de si bemol) mantém-se por algum tempo, vindo após si bemol menor (subdominante menor de fá, de início com suspensão da quarta). No segundo elemento, há si bemol maior em segunda inversão, fá maior com sétima (como no segmento equivalente do *análogo a antecedente*) e depois sol menor, dó menor com sétima e nona e fá maior.

Consistentes referências a "T_1" são distinguidas na segunda parte da *coda* (do 139 à metade do 151). Primeiros violinos no 139 apresentam linha melódica com extensão igual à de "b" original, repetida no 140 pelo clarinete e pelo fagote. No 141 e no 142, bem como disfarçadamente no 143 e no 144, há resgate do 8 e do 9. O 145 sofre variação no 146, mas ela é bastante discreta. Até então, percebem-se alternadamente tônica e dominante com sétima (esta com o baixo em alguns momentos sobre a tônica, como no 139 e no 142). Demoram-se expressivamente na dominante com sétima o 147 e o 148 (este mostrando rapidamente a nona), como confirma a linha arpejada dos primeiros violinos. O 150 é reconstrução do 149; ambos sutilmente recuperam o 15 em especial, pela quarta ascendente na melodia e pelo reaparecimento de harmonias então usadas (tônica relativa e subdominante). A segunda metade desses compassos estabelece cadenciais $\frac{6}{4}$, relembrando com isso também o 16, o 17 e o 18 (em mais uma manifestação de pensamento macroscópico). A primeira metade do 151 contém passagem melódica em tercinas de semicolcheias, sobre a dominante.

Na terceira e última parte da *coda* (da metade do 151 ao 157), formam-se fragmentos baseados em "c" nas madeiras e nos primeiros violinos (entre a anacruse do 152 e o 154). Eles prenunciam o primeiro impulso melódico do *finale* e intensificam-se aos poucos. Constata-se, paralelamente, diálogo entre tímpanos e cordas graves baseado na quinta, intervalo melódico presente no fim de todos os movimentos da obra. Notas repetidas são percebidas ao fundo, em tercinas de semicolcheias (preparadas no final da parte anterior) que lembram o começo do primeiro movimento. A harmonia é de tônica e dominante, esta de início com sétima e nona, às vezes com a adição da fundamental daquela. Mantendo a tônica, nas cordas (com inversão na linha inferior) e nas madeiras o arpejo no 154 se remete ao 5. As notas repetidas cessam no 155, então vindo a tônica em segunda inversão, seguida pela dominante com sétima. Há resolução na metade do 156, e logo depois os primeiros violinos realizam salto de oitava que, mesmo se relacionando vagamente ao 15, mais parece ser gesto puramente expressivo. Dominante com sétima e tônica constituem cadência autêntica final no 157, e a repetição derradeira de notas, motivicamente neutra, firma a conclusão não apenas com a fundamental, mas também com a terça e a quinta (ao contrário dos outros três movimentos).

Quarto movimento

Tabela 4

Grande seção	Natureza estrutural/subdivisões básicas	Harmonia
Introdução (1-92)	"A": dois elementos (1-30)	ré menor com sexta/ sol menor
	"B": primeiro movimento (30-38)	lá maior
	"A" (38-48)	fá sustenido diminuto com sétima/dó
	"C": segundo movimento (48-56)	lá menor/ fá maior

Continuação

	"A" (56-63)	fá maior
	"D": terceiro movimento (do 63 ao segundo tempo do 65)	si bemol maior
	"A", com formação do tema da *Ode à alegria* (do 65 ao segundo tempo do 81)	si bemol/ lá maior com sétima
	Conclusão: "A" (da metade do 80 ao 92)	ré maior
Tema e variações (do 92 à anacruse do 595)	Tema (92-116)	ré maior
	Variação I: contraponto a três vozes (116-140)	ré maior
	Variação II: contraponto a quatro vozes (140-164)	ré maior
	Variação III: demarcação do tema (164-203) — Parte principal (164-188)	ré maior
	Variação III: demarcação do tema (164-203) — Extensão (da anacruse do 188 ao 203)	ré maior/ lá maior
	Conclusão das variações instrumentais (do 203 ao terceiro tempo do 208)	lá maior
	Recomeço: solista (barítono) e síntese da introdução (do terceiro tempo do 208 ao 241)	ré menor com lá maior com sétima e nona/ lá maior com sétima
	Variação IV: solista (barítono) e coro (241-269) — Parte principal (241-265)	ré maior
	Variação IV: solista (barítono) e coro (241-269) — *Codetta* (da anacruse do 265 ao 269)	ré maior
	Variação V: solistas (269-297) — Parte principal (269-293)	ré maior
	Variação V: solistas (269-297) — *Codetta* (da anacruse do 293 ao 297)	ré maior
	Variação VI: tema oculto (da anacruse do 297 ao 331) — Parte principal (da anacruse do 297 ao 321)	ré maior
	Variação VI: tema oculto (da anacruse do 297 ao 331) — *Codetta* (da anacruse do 321 ao 331) — 1ª parte (da anacruse do 321 à metade do 324)	ré maior

Continuação

Conclusão das primeiras variações vocais (da metade do 324 ao 331)	2ª parte (da metade do 324 ao 331)	lá maior/ fá maior
Recomeço II: marcha turca (331-343)		si bemol maior
Variação VII: preparação instrumental (343-375)		si bemol maior
Variação VIII: solista (tenor) e vozes masculinas do coro (375-432)	Parte principal (375-423)	si bemol maior
	Extensão (423-432)	si bemol maior
Conclusão das variações marciais: fugato duplo (431-517)	Exposição (431-449)	si bemol maior /dó menor
	Divertimento (449-517) — 1ª parte (449-463)	dó menor/lá bemol maior
	2ª parte (463-469)	si bemol menor
	3ª parte (469-477)	si bemol menor/sol bemol maior
	4ª parte (da metade do 476 ao 485)	sol bemol maior/ si bemol menor
	5ª parte (485-503)	si bemol menor/si menor
	6ª parte (502-517)	si menor
Retransição: fragmentos do tema (517-543)		fá sustenido/ ré maior

Continuação

	Variação IX: demarcação do tema (do 543 à anacruse do 595)	Parte principal (543-591)	ré maior
		Extensão (da anacruse do 591 à anacruse do 595)	ré maior/ sol maior
Coda (da anacruse do 595 ao 940)	1ª parte: nova construção temática, derivada (da anacruse do 595 à anacruse do 655)		sol maior/lá maior com sétima e nona
	2ª parte: fuga dupla (da anacruse do 655 ao 730)	Exposição (da anacruse do 655 ao 687)	ré maior/fá sustenido maior
		Divertimento (687-730)	fá sustenido maior com sétima/ ré maior
	3ª parte: horizontalidade e verticalidade (730-763)		fá sustenido diminuto/sol maior
	4ª parte: formações canônicas (763-843)		sol maior/ ré maior
	5ª parte: proposição final (843-940)		ré maior

Não apenas a massa orquestral e as proporções do último movimento contribuem para que ele venha a ser exemplo primordial do sublime na música ocidental, já que as exigentes linhas do coro e dos solistas são igualmente importantes nesse aspecto: a Nona sinfonia torna-se conhecida também por sua impiedade em relação às vozes, notada já nos primeiros ensaios, em 1824. A dissonância que dá início ao quarto movimento é em boa medida preparada no acorde final do terceiro, o que auditivamente se demonstra numa execução que não isole um do outro (ou que pelo menos não o faça demasiadamente).

Argumentos a respeito de um retrocesso beethoveniano na Nona sinfonia tornam-se quase insustentáveis numa contemplação imediata do *finale*. Não há pré-estrutura formal que perfeitamente o abarque, e suas mudanças de fórmula de compasso e de caráter musical firmam autonomia que insinua livre e improvisatória fantasia. Entretanto, deve-se desconfiar de liberdade e improvisação aparentes que gerem as múltiplas camadas formais encontradas, bem como de suposta fantasia que quase equidiste de tema e variações, rondó, rondó-sonata, forma-sonata e primeiro movimento de concerto, adicionalmente se valendo ainda do fugato e da fuga.

Sua introdução (1-92) já exemplifica compleição que num exame preliminar dificilmente é identificada: apresenta-se como "A-B-A-C-A-D-A-Conclusão (A)". As seções "A" tendem à instabilidade harmônica, e suas linhas que se aproximam de um recitativo instrumental (fundamental no período tardio) preparam discretamente tanto o tema da *Ode à alegria* quanto as recapitulações dos movimentos anteriores notadas em "B", "C" e "D". Percebe-se plano formal inegavelmente semelhante no início do *finale* da *Hammerklavier*.

A primeira parte "A" (1-30), em 3/4 e *Presto*, é composta de dois elementos (do 1 à anacruse do 17) que nela posteriormente reaparecem (da anacruse do 17 ao 30). O primeiro (inicialmente do 1 à anacruse do 9) – a "fanfarra do horror" (Levy, op. cit., p.93) de Wagner – caracteriza-se por dissonância inaugural (justificada não apenas na harmonia, mas também no timbre, na dinâmica e na inserção abrupta no movimento), arpejo e repetição de notas, e o segundo (inicialmente da anacruse do 9 à anacruse do 17) – justamente firmando o recitativo instrumental – confere às cordas graves importância sem precedentes na composição. No primeiro, o acorde inicial de ré menor com sexta menor em primeira inversão, ou si bemol maior com sétima em segunda inversão, é seguido por ré menor. Após ré maior com sétima, sol maior, si bemol maior com sexta italiana e sem ela (mas com quinta), chega-se à dominante lá (7), sem preenchimento harmônico. No segundo, afirma-se lá maior com sétima e nona, com resolução na nota fá. Sua linha inicia com quinta justa ascendente, *forte*, referindo-se a "a" do primeiro movimento (cuja presença é também insinuada pelo 12 e pelo 13); seu primeiro grupo de colcheias (10) sugere o tema da *Ode à alegria*, e a célula "m$_1$" do *scherzo* é lembrada a partir do segundo tempo do 13.

Figura 37. Primeiro elemento de "A" (1-3).

Figura 38. Segundo elemento (8-16).

O reaparecimento do primeiro elemento ainda na primeira parte "A" inicia sobre ré maior com sétima e nona, havendo depois também sol menor (22) e fá sustenido diminuto com sétima (23). Retorna breve e antecipadamente o segundo elemento no 24, mas é interrompido no mesmo compasso (isolando-se "a" tanto nas cordas graves quanto nos outros instrumentos), mudando-se a harmonia para fá maior com sétima. O compasso em questão revela os dois elementos, mas eles não se fundem. As cordas graves reassumem o segundo em seguida no 25, nesse compasso e no início do 28 formulando sugestões de "a", a última mais decisiva pela iminência de "B". Com a interferência das madeiras, dos metais e do tímpano, há si bemol maior e sol menor no 29: a primeira dessas harmonias marca a transição do primeiro movimento. A rememoração dele, em "B" (30-38), é assim precedida por espécie de retransição sumária durante dois tempos (que lembra o 23 do início da obra).

Como as outras memórias ("C" e "D"), "B" representa seu objeto sem o vigor original, muito embora recupere andamento e fórmula de compasso. Os retornos dos movimentos são vislumbres momentâneos, sintéticos e estáticos, instantâneos com carência de expressividade no tempo. Em "B", lembra-se o primeiro movimento pela formação ou pela pseudoformação temática: a terça de lá maior no baixo conecta essa última ao início daquela. Inesperadamente, percebe-se o apoio melódico dos fagotes e do contrafagote, e a intervenção dos trompetes e do tímpano divide o segmento, interrompido no fim.

Volta "A" (38-48), *Tempo I*, valendo-se apenas do recitativo (segundo elemento), predominantemente em *fortissimo*, mas com *diminuendo* acompanhando *ritardando* e *poco adagio* no fim. A repetição de notas é destacada (44), e as três últimas colcheias do 40 e a primeira do 41 dão indícios do tema da *Ode à alegria*. A harmonia inicia em fá sustenido diminuto com sétima (38), sugerindo ré maior com sétima e nona (em razão do 41 e do 42), si diminuto (43) e aparente resolução em dó (47). Dó maior é tonalidade fundamental no segundo movimento, mas é sua relativa que, ironicamente, aparece em seguida.

Na parte "C" (48-56), há referência ao falso fugato do desenvolvimento da seção "A" do *scherzo*, portanto funda-se uma representação de uma representação parodística (tanto do desenvolvimento do primeiro movimento quanto do início do próprio segundo). As cabeças temáticas aparecem a cada dois compassos, mas as apresentações mais completas são feitas a cada quatro, sugerindo-se como em "B" uma divisão pela metade. A harmonia move-se de lá menor para fá maior (com respectivas dominantes com sétima).

Novamente aparece "A" (56-63), apenas com o recitativo, com *forte* que decresce no fim. O desenho mais ou menos comum às aparições anteriores do segundo elemento sofre relativa inversão. As primeiras duas notas lembram "a" do primeiro movimento e, ao mesmo tempo, o início de "T_1" do terceiro. Com relação ainda ao movimento lento, há também sugestões consistentes de seus primeiros dois compassos, pelas segundas melódicas formadas por si bemol e lá (58 e 60) – remetendo-se também ao próprio início do *finale* – e por ré e dó (61). É relevante a repetição de notas perto do fim (61), a exemplo da linha que antecede "C". A harmonia fica em fá maior, primeiro como tônica, depois como dominante com sétima, assim se firmando deslocamento.

Rememora o terceiro movimento a sexta parte da introdução, "D" (do 63 ao segundo tempo do 65), com si bemol maior e sua dominante com sétima. Inesperadamente, "T_1" ressurge apenas por meio de madeiras e trompas, e semínima pontuada e colcheia aparecem já na primeira metade do 64. Clarinete apresenta a linha principal, paralelamente quebrada pela flauta e pelo oboé (que assim mantêm de alguma forma as divisões encontradas em "B" e "C").

Ocorre inicialmente o segundo elemento na parte "A" seguinte (do 65 ao segundo tempo do 81), com tendência predominante de adensamento – há *crescendo* que contradiz as manifestações anteriores e aumento do número de notas. Madeiras proporcionam apoio inesperado, inclusive harmônico. Os pares de colcheias repetidas a partir das metades dos tempos, sistematicamente utilizados no 72 e no 73, mostram aproximação entre primeiro e segundo elementos que torna relativamente pertinentes ocorrências anteriores mais discretas, como entre 10 e 13, 26 e 28, 39 e 44, 58 e 61. Si bemol maior sobrevém, mas então se insinua ré bemol maior com sétima, vindo em seguida fá sustenido menor (enarmonia), sol sustenido maior com sétima, dó sustenido menor e mi maior com sétima.

Instaura-se posterior mudança, ainda nessa parte, com *Allegro assai* no lugar de *Presto* e dois fragmentos em lá maior (como dominante, com sétima), um terça acima do outro melodicamente (do 77 ao segundo tempo do 81). O que eles fazem é evidente, interrompem o recitativo, representam aberratoriamente o primeiro elemento de "A" – arpejos tornam-se graus conjuntos, mas a repetição estável de notas continua – e preparam decisivamente o tema da *Ode à alegria*, introduzindo até mesmo seu andamento.

Talvez se possa ver no breve *Allegro assai* relação com o discurso posterior comparável à que "B", "C" e "D" mantêm com o discurso anterior apenas se trocando a ideia de memória (dos movimentos anteriores) pela de prenúncio (particularmente do trecho compreendido entre o 237 e o 241). Entretanto, não se deve ignorar no segmento o fenômeno (num certo sentido antagônico) da composição que se centra na própria composição, da música que se estrutura enquanto é ouvida. Tendo-o como base, os dois fragmentos em questão integram mais um processo de formação – a composição do tema da *Ode à alegria* pela própria obra. Tal formação, ao contrário das outras, não é seguida imediatamente pela estrutura que resulta dela, mas em compensação a situação é singular: a dimensão do tema da *Ode à alegria* infiltra-se na obra desde pelo menos o compasso 74 do primeiro movimento. A impressão de inevitabilidade que vem com seu surgimento pleno no compasso 92 do *finale* é em parte explicada pela sua longa e cuidadosa preparação (ou constituição) ao longo dos quatro movimentos. Boucourechliev considera que com esse tema Beethoven recorre a um processo de permanência na obra (op. cit., p.120).

A conclusão da introdução (da metade do 80 ao 92), ligada a "A", apresenta mais uma linha nas cordas graves, então dialogando intensamente com tímpanos, metais e madeiras. Se as cordas predominam e lembram o segundo elemento, os instrumentos restantes, ainda assim, evocam o primeiro. As repetições de notas continuam, e há alusões específicas a partes "A" anteriores, sendo os maiores exemplos 80, 81, 83, 89 e 90 em relação a 8, 9, 13, 74 e 75. Nesse sentido, além da separação entre as cordas graves e os outros instrumentos, que se liga a 24 e 25, podem-se ainda mencionar 81, 82, 87 e 88 em relação a 57, 58, 28 e 29. A harmonia mantém-se estavelmente em ré maior e termina com cadência autêntica. Passa por dominante com sétima, sugestão de dominante da subdominante (87), subdominante e dominante com sétima e sem fundamental. Segundo Tovey, o risco de estabelecer o "lugar-comum que Beethoven refletidamente evita" é iminente quando se insere pausa após o último acorde do 91 (op. cit., p.37).

Como já se comentou, o corpo principal do *finale* é constituído por múltiplas camadas formais, sugerindo-se tanto tema e variações (que predomina) quanto rondó, rondó-sonata, forma-sonata, sua versão paralela de primeiro movimento de concerto (cf. Green, op. cit., p.240-50) e mesmo quatro movimentos em miniatura (como se o *finale* fosse em si uma sinfonia). A ambiguidade deve-se à capacidade das estruturas de promover diferentes associações entre si. Se em princípio as nove variações do movimento funcionam isoladamente, paralelamente se acomodam também em grupos. Neles, Beethoven realiza contagem regressiva: o primeiro (do 92 ao terceiro tempo do 208) apresenta quatro afirmações temáticas (contando-se o tema original), o segundo (241-331), três, o terceiro (343-517), duas, e o que seria o quarto (do 543 à anacruse do 595), ambiguamente com caráter de reexposição, simplesmente consiste numa única variação. Rondó e rondó-sonata sugerem-se justamente pelas separações entre grupos, demarcadas por segmentos em maior ou menor grau contrastantes, nesse sentido lembrando também segundos temas (ou segundos grupos temáticos) tanto de forma-sonata quanto de sua variante de primeiro movimento de concerto. Essas duas estruturas e o rondó-sonata reforçam-se ainda pela insinuação de um desenvolvimento nas variações VII, VIII e especialmente no fugato duplo seguinte, pois, então, abandona-se ré maior e quebra-se o plano tonal monolítico que mais tipicamente caracteriza tema e variações. Rosen não deixa de notar o aspecto inicial de dupla exposição de concerto (do 1 à anacruse do 209 e desse ponto ao 331) e o papel de desenvolvimento do citado fugato, mas também vê justamente os quatro movimentos em miniatura (op. cit., p.439-40) – o segundo começando no 331, o terceiro na anacruse do 595, e o quarto na anacruse do 655. Mesmo assim, essencialmente pensa em tema e variações, que como o rondó demonstra inerente relaxamento formal, sintonizado com o *finale* clássico (ibid., p.275).

O recitativo nas cordas graves parece continuar na primeira apresentação do tema da *Ode à alegria*, entre 92 e 116. Em 4/4, ele possui duas partes: a primeira traça período com esperados antecedente e consequente (92-96, 96-100), a segunda demonstra frase contrastante (do 100 ao quarto tempo do 103) e reaparição do consequente (do quarto tempo do 103 ao 108), repetindo-se em seguida (108-116). Mesmo sendo a primeira fechada em ré maior (a segunda começa na dominante lá maior e retorna a ré), ainda assim se sugere estrutura binária balanceada. A terça e os graus conjuntos, elementos por vezes escassos nos materiais dos outros movimentos, são evidentes. Não obstante, pode-se notar quinta descendente no 103 que lembra "a" do primeiro movimento, estrutura rítmica no 95 que se remete a "m_1" do *scherzo* e perfis melódicos no 94 e no 95 que se sintonizam com o início de "T_2" do terceiro movimento. O mesmo vale para o 101 em relação ao oitavo compasso de "T_1".

Figura 39a. Antecedente e consequente do tema (92-99).

Figura 39b. Frase contrastante, volta do consequente e repetição[67] (100-115).

A variação I (116-140) é a três vozes. Elas se distribuem entre contrabaixos (voz inferior), violoncelos (tema, superior), violas (superior) e fagotes (inferior e intermediária). Vozes superiores sofrem cruzamentos em alguns momentos (127 e repetição, notando-se pouco antes paralelismo), mas as diferenças de timbre mantêm a clareza. Inferiores nas repetições do consequente mostram leve variação. Além de todos os graus de ré maior, encontram-se sétimo de si menor (126) e quinto com sétima de sol maior (128).

Dá continuidade à textura anterior a variação II (140-164), mas a quatro vozes, com o tema na superior (primeiros violinos integralmente e fagote nos dois últimos compassos de cada grupo de quatro). A primeira voz intermediária (segundos violinos) inicia na anacruse do 140 melodia que substitui a apresentada pela interme-

---

67 Para tornar mais clara a estrutura, usa-se aqui barra de repetição.

diária na variação anterior, com notas comuns (como no 141 e no final do 149). A segunda intermediária (violas e violoncelos) refaz a linha da inferior da outra variação com apenas algumas pequenas diferenças. Uma nova linha encontra-se na voz inferior (fagote e contrabaixos). Intermediárias denotam leve variação nas repetições do consequente, e inferior faz o mesmo na última repetição dele. Percebe-se, do tema à variação II, adensamento contrapontístico que chega à saturação, conduzindo à variação III (164-203). A disposição dos graus de ré maior muda um pouco (sendo exemplos ré no lugar de sol maior no 142 e lá com sétima no lugar de mi menor no 147). Em relação a sol maior e si menor, seus respectivos quintos graus com sétima aparecem (150 e 152).

Como a apresentação temática inicial pelas cordas graves e a variação IX, a III é uma demarcação do tema, espécie de consumação de um percurso anterior. Essas três ocorrências indicam estados progressivamente terminantes da estrutura, mostrando que sua qualidade de permanência na obra, apontada por Boucourechliev, não se isola do transitório. Evidencia-se que Beethoven consegue o fluxo para a frente de partes fechadas e completas, associação em princípio improvável.

Assim, a consumação da verticalidade na variação III, que com isso se porta como uma nova exposição, parece originar-se do contraponto e dos *crescendi* da variação anterior, quase como se o que viesse antes fosse formação funcionalmente próxima à do *scherzo*. Cordas, tímpano e contrafagote sugerem "a" do movimento inicial. A dominante com sétima de si menor novamente aparece (174), pouco depois se mostrando a de lá maior (175).

Uma extensão baseada nas últimas quatro notas do tema ocorre (da anacruse do 188 ao 203). Há dissonâncias passageiras impulsionadas pelo movimento melódico, nos primeiros tempos dos compassos. Entre a anacruse do 188 e o 192, percebem-se quatro fragmentos associados, iniciados por padrão melódico de um compasso (deslocado, evidente nos primeiros violinos) que ganha duas sequências com distância progressiva de quarta ascendente (ou quinta descendente) e que é cancelado com o quarto fragmento no fim do 190. Cristaliza-se outro padrão melódico (então tético) de um compasso no 192, com duas sequências grau acima, fundando-se abundante cromatismo. Entre o 195 e o 199, faz-se sua condensação (gerando-se dissonâncias passageiras também nas segundas metades dos compassos), cessando a ascensão no 197. Até então, além das harmonias diretamente relacionadas a ré maior, identifica-se dominante com sétima e tônica de sol maior sobrepostas (189, a primeira resolvendo-se na segunda), dominante com sétima e nona de si menor (193, com décima primeira e sem fundamental no 195) e de dó sustenido maior (194, sua tônica aparece no mesmo compasso), dominante da dominante de lá maior (195), dominante com décima terceira e sétima de lá (196, sem décima terceira e com nona no 197) e dominante de fá sustenido menor. Um trecho equivalente a uma liquidação começa no 199, terminando no 203, firmando lá por meio de sua dominante (às vezes com sétima). Vale-se de escalas e arpejos, no fim do 199 e no 200 formando nas madeiras alusão alargada ao perfil da condensação iniciada no 195. Na movimentação cromática do 200, patenteia-se sexta francesa de passagem. Em relação ao 201, demonstra-se no 202 troca de material entre madeiras e cordas. Nesses dois compassos, um discreto paralelo com o primeiro movimento é traçado, por meio de intervalos descendentes de quarta e de quinta.

Figura 40. Extensão da variação III (187-195).

A conclusão das variações instrumentais (do 203 ao terceiro tempo do 208) lembra um fim de *ritornello* orquestral de primeiro movimento de concerto. Liga-se por seu compasso-padrão à parte das madeiras no 199 e no fim do 198 (por sua vez indiretamente relacionada à segunda metade do 191). *Poco ritenente, poco adagio* e *Tempo I* indicam as oscilações de andamento. Em lá maior, notam-se si maior com sétima (203 e 206), cadencial $^6_4$ (203 e 206), mi menor (203), fá sustenido maior com sétima (204), si menor, sol bemol maior sobreposto a fá sustenido maior (numa etapa incompleta de enarmonia) e mi bemol menor (205).

Figura 41. Conclusão das variações instrumentais (203-206).

Com a retomada do 3/4, há um recomeço (do terceiro tempo do 208 ao 241), refazendo-se sinteticamente a introdução, agora com solista e sem recapitulações de outros movimentos. No trecho compreendido entre o terceiro tempo do 208 e o terceiro do 216, constata-se choque ainda mais violento que o da abertura do movimento, por meio de estrutura de sete notas que equivale a acordes sobrepostos de ré menor e lá maior com sétima e nona, então contando também com as cordas. Além do que se distingue no 6, no 214 há si bemol maior com sexta alemã.

Não importa o quanto já se tenha ouvido a Nona, nunca deixa de surpreender a entrada do barítono que de certa forma abala para sempre a definição de sinfonia. Dando início ao efetivo recitativo, seu primeiro fragmento (do terceiro tempo do 216 ao terceiro do 221) resume o primeiro dos violoncelos e dos contrabaixos na introdução,[68] aparecendo em seguida encadeamento nas cordas que se vale de ré menor, fá sustenido diminuto com sétima, sol maior, sol sustenido diminuto com sétima e mi maior com sétima. Nesse último acorde elas se mantêm, e o solista continua (224-229), apresentando a nona maior, lembrando o fim de outro fragmento das cordas graves (a partir do último tempo do 28) e contando com a finalização da orquestra. Depois, ainda refaz parte da conclusão da introdução (da

---

68 Pela tradição de execução da época de Beethoven, a linha do barítono no 221 se aproxima da linha das cordas graves no 16 (cf. Mar, op. cit., p.116).

anacruse do 231 ao 236, remetendo-se à anacruse do 85), preparando a dominante. Então, em 4/4 e *Allegro assai*, quatro compassos muito parecidos com os notados a partir do 77 surgem (237-241), com ele e baixos interagindo duas vezes (juntos aludindo ao primeiro "a" da obra), já introduzindo a primeira estrofe com texto de Schiller.

Transformando a mínima temática inicial em duas semínimas, o barítono dá início ao segundo grupo de variações (241-331) e à variação IV (241-269). Nela, o coro entra nas repetições da segunda parte do tema (sem sopranos, entre 257 e 265), reaproveitando no 262 a pequena alteração melódica do 254. A instrumentação é relativamente leve até o 257, com duas linhas nas madeiras gerando dissonâncias locais (como no 242), sugerindo permuta do 245 ao 247 (em relação ao início no 241). Elas se adensam e se alteram com a entrada do coro, mas suas bases continuam as mesmas, exceto pelos fagotes, que reforçam disfarçadamente a melodia do tema – o que contrabaixos, violoncelos e violas fazem abertamente desde o início, e violinos (anteriormente dando apoio harmônico) passam também a fazer. O reforço de metais e tímpanos identifica-se também a partir de então. O 11º compasso do tema (251) e sua repetição (259) não usam a dominante de si menor (como as variações anteriores), mas há sétimo grau de mi menor no 253 e no 261. A extensão da variação anterior origina a *codetta*, iniciada na anacruse do 265, mostrando tônica, dominante (com e sem sétima), dominante com sétima da subdominante e subdominante.

Todos os solistas entram na variação V (269-297), com a segunda estrofe com material de Schiller na obra.[69] Contralto começa a melodia, soprano (275) e sopranos do coro (a partir do 285) dão continuidade. Entre o 271 e o 275 o tema ameaça ficar em segundo pla-

---

69 As referências ao texto de Schiller aqui se darão de acordo com a ordem e os reagrupamentos de versos propostos por Beethoven. Tais reagrupamentos serão genericamente chamados de estrofes, independentemente da estruturação original do poema.

no, seja pelo cruzamento entre o tenor e o contralto, seja pela entrada do soprano. A dominante com sétima de si menor aparece (a partir do 279), em oposição à última variação, formando-se também a de lá maior (280). Os instrumentos fazem o mínimo de início; violoncelos dão apoio livre a barítono, madeiras imitam aqueles com dois compassos de atraso, a certa altura (entre o 277 e o 281) dialogando com os mesmos, e trompas tocam em contratempo (adiantando a harmonia no segundo tempo do 272). Novamente, o coro toma o lugar dos solistas[70] a partir das repetições da segunda parte (do 285 em diante). Com isso, a massa instrumental aumenta: cordas realizam saltos (como violoncelos fazem desde o 277), madeiras transitam entre o material das cordas e o do coro, e trompas (reforçando o tema), trompetes e tímpanos também participam. A *codetta* (da anacruse do 293 ao 297) é como a da variação anterior, mas com madeiras executando as estruturas principais enquanto o restante as complementa. A dissonância de seu segundo compasso (294) corresponde à dominante da subdominante com sétima e com a subdominante no baixo. O *diminuendo* no 282 estabelece relação direta com o texto.

Na variação VI (da anacruse do 297 ao 331), com a terceira estrofe com material de Schiller, o tema está oculto. As vozes insinuam-no alternadamente: barítono, do 297 ao 299 e no 304, tenor, do fim do 299 ao 301, contralto, do 301 ao 303, soprano, do fim do 305 ao 313, e sopranos (quase exatamente como soprano), do 313 ao 321. Em meio a sucessões de colcheias, duas ou mais delas para cada sílaba de texto são frequentes. Mais uma vez, o coro surge nas repetições da segunda parte do tema. Os instrumentos ou realizam ornamentações por meio de trinados (grande parte das cordas, nos contratempos) ou apoiam as vozes (madeiras essencialmente, mas também metais, tímpanos e contrabaixos: a ação é fragmentada e nem sempre literal).

---

70 Sem se apresentar exatamente como eles, o que vale também para a variação VI.

Nas trompas se encontram pedais de tônica a partir das anacruses do 297, do 309 e do 317, o último também formado nos baixos. Nelas há ainda pedal de dominante a partir da anacruse do 313, com contrafagote, trompetes, tímpano, contrabaixos e baixos estendendo-o. O tímpano em lá começa a manter-se já na anacruse do 305, e o em ré prolonga-se brevemente a partir da anacruse do 320. Contrafagote e contrabaixos estabelecem pedais duplos de tônica e dominante a partir da anacruse do 317, com posterior participação dos trompetes. Todas essas ocorrências geram expectativa pela crescente saturação, especialmente porque a textura se adensa sensivelmente quando o coro substitui os solistas.

O 307 mostra a dominante com sétima e nona de si menor (com a terça menor, no tímpano, chocando-se com a maior), mas o 315 a evita. Dó bequadro aparece nas notas ornamentais dos trinados no 298, no 302, no 310 e no 318, inevitavelmente realçando a subdominante e sua relativa. No 318 também se mostra como nota real, estabelecendo a dominante com sexta e sétima da subdominante. Na ornamentação, entre o 305 e o 310, ainda se encontra sol sustenido (enfatizando lá), que como nota real se choca no 301 com sol natural do trinado e integra no 308 e no 316 a dominante da dominante com sétima menor e nona maior sobre pedal de lá (no 308 paralelamente com a presença da sétima maior, por causa do arremate do trinado).

A parte inicial da *codetta*, da anacruse do 321 à metade do 324, reapresenta o padrão de suas equivalentes anteriores, mas, então com o coro, eleva em vez de apaziguar a intensidade da música. A segunda parte, da metade do 324 ao 331, paralelamente conclui o segundo grupo de variações. Nela, a dominante da dominante (com e sem sétima) e a dominante são apresentadas, e o fim da terceira estrofe é progressivamente reduzido. Semicolcheias, que lembram o compasso 132 do primeiro movimento, surgem a partir do 326. Três segmentos curtos impõem-se (a partir da metade do 324, do 327 e do 329): há cadências nos dois primeiros e deslocamento harmônico no terceiro. Neste, na última vez em que a palavra "Deus" aparece, passa-se inesperadamente para fá maior (sem quinta) – nova dominante –, com fermata e *molto tenuto* firmando espécie de permanência figurativa.

Em um contrastante ambiente terreno, a música tem mais um recomeço (331-343), com uma marcha turca em 6/8 e em si bemol maior, instaurando-se *Allegro assai vivace* (*alla marcia*)[71] e *pianissimo*, principiando a participação do bombo na sinfonia. Logo vem a variação instrumental VII (343-375), que prepara a vocal VIII e introduz flautim, triângulo e pratos. As duas partes do tema nela se colocam, mas não há nem repetição da segunda nem *codetta*. A melodia principal, continuamente lembrando "a" do primeiro movimento, é feita por flautim, clarinete e, quase sempre, trompa (frequentemente esses últimos formam as chamadas "quintas de trompa" com seus pares). Alguns contracantos fragmentados são encontrados nos oboés (quando eles não se envolvem com a melodia principal), bem como nos fagotes e no contrafagote (a partir do 353). O 364 não assume a dominante da tônica relativa, mas o 365 usa a dominante com sétima da dominante, que reaparece no 370. Há ainda a dominante com sétima da subdominante na reaparição do consequente, no 368.

Figura 42. Variação VII (343-348).

A variação VIII (375-432) parece-se com a VII, entretanto com vozes masculinas do coro, texto (quarta estrofe com material de

---

71 Como no trio do *scherzo*, não há certeza quanto à indicação metronômica. As principais possibilidades são 84 mínimas pontuadas e 84 semínimas pontuadas (por minuto) (cf. Levy, op. cit., p.174, 175, 186).

A NONA SINFONIA E SEU DUPLO 133

Schiller na reorganização de Beethoven[72]), repetições da segunda parte do tema (407-423) e extensão (423-432). O coro entra um pouco depois do início das repetições (411), permanecendo então o solista, tenor. Pouca diferença de instrumentação em relação à construção precedente é encontrada: há ausência temporária do contrafagote (que volta na extensão). Contudo, há alteração fundamental de dinâmica: enquanto a variação VII permanece *pianissimo*, a VIII cresce e atinge *fortissimo*. A linha do solista ora segue livremente o tema, ora se porta como contracanto (os contracantos da variação VII, que se mantêm, influenciam-na), servindo de base para tenores I (tenores II e baixos estabelecem apoio harmônico e sonoro). Como na variação VII, aparecem as dominantes com sétima da dominante (397, 402, 413, 418) e da subdominante (400, 416). A extensão reconstrói com alterações o esquema que se encontra entre o 415 e o 424.

Levy opõe a vulgaridade e o exotismo da marcha turca (consideráveis na época de Beethoven) às semelhanças entre o texto da variação VIII e os versículos 5, 6 e 7 do Salmo 19 da Bíblia luterana (op. cit., p.107), o que firma mais uma ambivalência na produção do compositor. O autor vê também inegável associação entre heroísmo e esse tipo de música. Suas origens militares[73] oferecem argumento até mesmo para a ausência de vozes femininas. A presença de "herói" e de "vitória" no texto, nessas circunstâncias, ganha surpreendente relevância: integra outro ponto de contato entre fase tardia e *heroica*. Mas retrocesso não está em questão – como prova a atipicidade do trecho –, e sim reciclagem e transformação.

Mais uma vez, Beethoven faz com que a fluência não diminua após apresentações temáticas. Traz o sublime e o fluxo para a frente com um frenético fugato duplo (431-517), que se aproxima de uma fuga dupla, marcando a conclusão do grupo das variações marciais. O fugato liga-se por elisão à variação que tem "percorrei" em vez de "transformai" em seu texto.

---

72 Quarto coro originalmente. Cf. nota 69.
73 Remetendo-se às tropas de janízaros do Império Otomano, fundadas em 1329 e extintas em 1826.

Seu primeiro tema (violoncelos, contrabaixos e fagotes com sujeito entre 431 e 435) deriva-se do consequente do tema da *Ode à alegria*, seu segundo tema (sujeito nos segundos violinos e nos clarinetes, apoiados pelas trompas, também a partir do 431) vem diretamente das variações marciais. Entre 435 e 439, há as respostas reais do primeiro – primeiros violinos, com diferença nitidamente eventual em relação ao sujeito (437) – e do segundo – violoncelos, contrabaixos, fagotes e, de forma irregular, clarinetes –, seguidas por dois compassos de extensão, 439 e 440. Enquanto isso, os segundos violinos aludem ao final do primeiro tema. Apresentam-no em seguida (sem configurar sujeito ou reposta, 441-445), com terceiro e quarto compassos alterados e quatro compassos de extensão (445-449). Também estendido, o segundo tema é apresentado nas violas (441-449), com apoio parcial dos violoncelos e dos oboés.

Figura 43. Primeiro tema do fugato duplo (431-434).

Figura 44. Segundo tema do fugato duplo (431-434).

Verifica-se com isso a exposição (431-449), harmonicamente irregular, passando basicamente por si bemol maior, fá maior, sol maior e dó menor. O divertimento seguinte (449-517) subdivide-se em seis partes (iniciadas no 449, no 463, no 469, na metade do 476, no 485 e no 502).

Sua primeira parte (449-463) tem entre o 449 e o 455 o primeiro tema nas violas e nos violoncelos, com dois compassos adicionais (no fim do 454 as violas invertem o fim do primeiro tema, e os violoncelos sugerem o segundo). Os primeiros violinos fazem o segundo tema (nos dois compassos adicionais reapresentam seu fim, grau acima), e os segundos violinos trabalham elementos do primeiro, apoiando as violas e os violoncelos (com algumas inversões melódicas, como na segunda metade do 452). As flautas e os oboés, que se individualizam a partir do 453 se comparados entre si, seguem relativamente os primeiros violinos. Trompas, clarinetes e fagotes amparam o segundo tema de maneiras divergentes. A harmonia ressalta dó menor e mi bemol maior.

Do 455 ao 459, passando-se por mi bemol maior e fá menor, fagotes, violoncelos e contrabaixos apresentam versão alterada do primeiro tema (o 455 é variante retrogradada e invertida do primeiro compasso original, o início do 457 demonstra inversão, e o 458 está alterado em relação ao esperado). Primeiros violinos ocupam-se do segundo, apoiados por trompas, flautas, oboés e clarinetes. Segundos violinos têm início ligado ao primeiro, mas em seguida se referem ao segundo (a partir da segunda metade do 455). Violas realçam o primeiro (até o 458) e depois se associam ao segundo. Entre o 459 e o 463, uma extensão finaliza a primeira parte do divertimento, sugerindo lá bemol maior, que não se impõe. Há nela duas apresentações do final do segundo tema nos primeiros violinos, nos oboés e, com variação, nos fagotes – a segunda um grau acima da primeira. Trompas (predominantemente), flautas, clarinetes, segundos violinos e violas baseiam-se no mesmo tema. Em toda a primeira parte, há a ascensão progressiva do segundo tema, cortado ou não.

A segunda parte do divertimento (463-469), tendendo para si bemol menor, tem progressão nos violoncelos e nos contrabaixos. O padrão é de dois compassos, feito sobre o primeiro tema, descendo um grau a cada aparição, sofrendo variação na terceira. Primeiros violinos, apoiados mais consistentemente por oboés, valem-se de notas sustentadas, fundamentadas no segundo tema. Flautas também se juntam a eles, mas a partir do 467 se ligam às cordas graves. Clarinetes e fagotes opõem-se a essas últimas por movimento contrário, em linhas duplas. Segundos violinos procedem de forma similar, mas em linha simples, com eventuais saltos. Violas ora estabelecem oposição (464, 466, 467, início do 468), ora paralelismo (463,

465, fim do 468). Trompas assumem rítmica tanto do primeiro tema quanto do segundo.

Iniciando a terceira parte (469-477), segundos violinos executam o primeiro tema com alterações no terceiro compasso e no quarto. Primeiros violinos seguem-nos sexta acima até o 471. Gerando ascensão, primeiros e segundos cruzam-se e descruzam-se a cada compasso entre o 471 e o 476, relacionando-se por intervalos de terça: quase sempre, durante a execução da parte estrutural de um grupo, o outro entra antecipadamente, adulterando o que se espera de sua própria linha na primeira metade do compasso seguinte, mas recuperando-a na segunda. No 476, segundos violinos fazem referência indireta ao padrão que vêm seguindo, e primeiros apresentam retrógrado alterado do começo do primeiro tema. Fagotes, violoncelos e contrabaixos apresentam o segundo. Reduzem-no e realizam progressão (lembrando a primeira parte do divertimento) que ascende um grau por compasso a partir do 471 (mas até o 476, pois nesse compasso insinuam o primeiro). Violas somam-se a eles, mas terça acima e até a segunda metade do 475 (aproximando-se, depois, do primeiro também). Clarinetes, flautas e, de forma complementar, oboés juntam-se parcialmente a violas até esse ponto (flautas e oboés estão relativamente fora do esquema no 469 e no 470). No fim do 475, clarinetes ainda se relacionam ao segundo tema, como as outras madeiras, mas a seguir (476) se juntam a segundos violinos. A partir do 476, flautas e oboés aproximam-se do primeiro essencialmente pela repetição de notas; o mesmo é feito nas trompas (que de início reforçam ritmicamente o segundo). A terceira parte começa em si bemol menor e encaminha-se para sol bemol maior.

Na quarta parte (da metade do 476 ao 485), um padrão deslocado de dois compassos (com arremate de colcheia ou semínima) baseia-se no início do primeiro tema, e formam-se sequências terça abaixo. Primeiros violinos realizam-no duas vezes (da metade do 476 à metade do 480), e flauta assume-o a seguir (da metade do 480 à metade do 482). Violoncelos e contrabaixos, atrasados um compasso em relação a primeiros violinos, sugerem breve *stretto* a partir da metade do 477; violas relacionam-se com flauta mais ou menos da mesma forma, mas a ligação não ultrapassa a metade do 482. Fagote, clarinete e oboé dão apoio (dividido entre estes dois e aquele) a primeiros violinos entre o fim do 476 e a metade do 480. Trompas enfatizam as colcheias que caracterizam o primeiro tema e ao mesmo tempo grifam as entradas das cordas graves. Segundos violinos, acima de primeiros, estabelecem inicialmente linha que os reforça, mas na segunda metade do 477 apoiam brevemente violoncelos e contrabaixos, unindo-se a flauta (com o auxílio justamente de primeiros) a partir do fim do 480. Outra progressão descendente (um grau abaixo a cada compasso), de ambígua verticalidade em razão da força contrapontística, ocorre a partir da segunda metade do 482, tendo origem no fim do 481. Nesta, flauta, primeiros e segundos violinos (sexta acima de primeiros e oitava abaixo de flauta – configuração presente desde o fim do 480) opõem-se a violas. A harmonia da quarta parte do divertimento começa em sol bemol maior e dirige-se a si bemol menor (invertendo-se o percurso da parte anterior).

A penúltima parte (485-503) tem entre o 485 e o 491 o tratamento de um padrão de um compasso e meio (baseado no primeiro tema), que se encaixa tanto nos inícios quanto nas metades dos compassos. O padrão ocorre três vezes nos segundos violinos e nas violas (a partir da cabeça do 485, com anexos, na última vez com alteração). Nestas, parte de si bemol e mi; naqueles, de ré bemol e dó sustenido (enarmonia). Nos primeiros violinos, em que é mais proeminente, ele tem seus três começos nas metades dos compassos, a partir de si bemol e lá sustenido. Nas cordas graves se instaura uma vez (não havendo regularidade depois do 486), a partir de si bemol. Flauta I, clarinetes e fagotes amparam primeiros violinos até a metade do 490, quando com flauta II se opõem a eles (e a cordas no geral) por linhas de terças (flauta I sugere a separação anteriormente: no 489 entra terça acima do esperado). Trompas e oboés baseiam-se nas repetições de colcheias; estes iniciam e terminam tal processo antes daquelas, juntando-se no 490 a clarinetes, fagotes e flautas. A harmonia move-se de si bemol menor para si menor (por meio de sol bemol maior e fá sustenido maior com sétima e nona). A referência de dois compassos ao primeiro tema retorna (491-493) – violoncelos, contrabaixos e fagotes –, contraposta a fragmento equivalente do segundo – primeiros violinos, flautas, oboés e clarinetes. Enquanto violas e segundos violinos demonstram relativo paralelismo em relação a violoncelos, contrabaixos e fagotes, trompas continuam com repetições em colcheias. Outra construção baseia-se no primeiro tema, nos primeiros violinos, entre o 493 e o 496 (trazendo o 455 à memória). Conta com apoio das flautas (parcial) e dos oboés. Cordas graves ora mais ou menos se opõem a primeiros violinos, ora lembram o segundo tema. Trompas, clarinetes e fagotes aproximam-se delas no 493 e no 494, mas continuam posteriormente com alusões ao segundo (até o 502). Violas relacionam-se a primeiros violinos por paralelismo (494) e movimento contrário (493, 495). Segundos violinos portam-se de maneira parecida, mas a partir do 495 trabalham o segundo tema. Antecipada pelas cordas graves e pelas violas a partir do 495, nova referência de dois compassos ao primeiro é feita pelos primeiros violinos entre o 496 e o 498. Eles a reduzem a um compasso – que equivale ao segundo do tema – no 498, formulando em seguida três sequências descendentes. O apoio que flautas lhes dão torna-se literal a partir do fim do 498. Entre o 497 e o 502, cordas graves e violas relacionam-se ao segundo tema, o que também se dá nos oboés (antes com primeiros violinos) entre o 498 e o 502. A partir da metade do 497, segundos violinos aludem ao quarto compasso do primeiro. O 502 pertence tanto à quinta quanto à sexta parte do divertimento, com repetições de notas e mais uma sequência descendente do segundo compasso do primeiro, então feita por segundos violinos (com apoio de violas, violoncelos e contrabaixos). Entre o 491 e o 503, as harmonias principais são de si menor, mi menor e, novamente, si menor. Há notável sugestão de ré maior a partir do 499 (cortada no 501).

 A sexta e última parte do divertimento (502-517) reafirma si menor (com eventuais formações secundárias que enfatizam sua dominante e sua subdominante). Madeiras e primeiros violinos lembram o segundo tema a partir do 503. Esses últimos, entretanto, assumem a versão alterada dos dois primeiros compassos do primeiro (introduzida no 455) no 505 – o que segundos violinos, violas, violoncelos e contrabaixos fazem de forma mais discreta dois compassos antes. A partir do 505, violoncelos e contrabaixos referem-se ao segundo, e violas e segundos violinos dão apoio harmônico pela repetição de notas. Trompas participam no início dessa parte com repetição de colcheias, no 505 excepcionalmente com formação rítmica do segundo tema. A horizontalidade é gradativamente substituída pela verticalidade, não deixando de haver, mesmo assim, harmonias incomuns, como mi sustenido diminuto com nona menor (fim do 504).

A partir do 507, primeiros violinos retomam o segundo tema. Madeiras dão apoio harmônico e melódico, e trompas atêm-se ao perfil rítmico dele após repetirem colcheias até o 509. Segundos violinos e violas inicialmente apresentam a versão alterada do começo do primeiro tema, em décimas. A partir do 509, primeiros violinos começam ampla ascensão (primeiro diatônica, depois cromática) por alusão ao segundo, e segundos violinos, violas, violoncelos e contrabaixos referem-se ao primeiro. Intensificam-se as bordaduras relacionadas ao segundo compasso deste, grifadas inicialmente pelas cordas graves (que alteram ainda mais o tema no 510). A tensão do discurso aumenta, apresentando-se ré maior e sua dominante de relance (513) nas tensões locais de si menor. Antes da harmonia de fá sustenido maior que termina o trecho, há sol maior com sexta italiana, clímax de tensão.

O número indistinto de vozes integra o pensamento desse longo acontecimento polifônico. A união que promove entre contraponto, preenchimento harmônico conduzido e orquestração que raramente mantém associações instrumentais estáveis faz com que seis e mesmo sete vozes simultâneas sejam nele encontradas (são exemplos os compassos 463 e 511).

Entre 517 e 543, há a retransição – movimento dá lugar a estatismo. Fá sustenido desloca-se no registro entre 517 e 525 (lembrando 15 e 16 do primeiro movimento) e entre 525 e 529 se isola nas trompas, em *diminuendo*. No 529 e no 530, com repentina ausência da rítmica que lembra "a" do primeiro movimento, aparece fragmento do tema da *Ode à alegria*, em si maior e *piano*. Entre 531 e 535, voltam fá sustenido e estrutura rítmica anterior, *più piano*. Outro fragmento da *Ode à alegria* ganha espaço no 535 e no 536, então em si menor, *pianissimo*. Impõe-se fá sustenido mais uma vez, entre 537 e 541, *sempre pianissimo*, e o terceiro fragmento da *Ode à alegria* vem na sequência, do 541 ao 543, *pianissimo crescendo*. A simplicidade deste traz ré maior e conduz à próxima variação basicamente pela descida da linha mais baixa – de si (536) para lá (541) –, afirmando-se a partir disso um cadencial $^6_4$, manobra que reaparece depois.

A nona variação (do 543 à anacruse do 595) consegue efeito semelhante ao de uma reexposição, reforçado pela repetição da primeira estrofe com material de Schiller. É a última vez que o tema da *Ode à alegria* aparece abertamente, então do começo ao fim cantado pelo coro. No clímax do movimento e da sinfonia, transcende mais uma vez sua anterioridade, manifestando o sublime. A orquestra não é mero acompanhamento (como já insinua seu *fortissimo*): madeiras, metais e tímpanos de fato amparam as vozes, mas cordas constroem linha pirotécnica e independente, de textura ampla. Ela comumente contribui para certas ênfases, como a de lá por meio de sol sustenido (a partir do 548, com choque envolvendo sol natural no 557) e a de sol por meio de dó bequadro (552). Como harmonias secundárias, apresentam-se as dominantes da subdominante (a partir do 552, vindo a seguir a subdominante com suspensão da quarta e da nona), da tônica relativa (564) e da dominante (565). A extensão (da anacruse do 591 à anacruse do 595) remete-se às variações III, IV, V e VI, mas é cortada na subdominante (que, pouco antes do fim, no 593, é sobreposta à sua dominante com sétima).

A *coda* (da anacruse do 595 ao 940) divide-se em cinco partes, iniciadas na anacruse do 595, na anacruse do 655, no 730, no 763 e no 843.

A primeira parte (da anacruse do 595 à anacruse do 655), em 3/2, tem feição arcaizante e sacra, com coro pela primeira vez introduzindo texto – quinta estrofe com material de Schiller (na reorganização de Beethoven[74] –, que justamente se refere ao coletivo. Seu começo vale-se da segunda menor descendente, importante desde a abertura do movimento. Seus primeiros dois compassos (da anacruse do 595 à anacruse do 597), que firmam espécie de base de construção inicial, lembram vagamente o fim do tema principal e os seus prolongamentos (as diversas formas de extensão e *codetta*). Neles, encontra-se também o salto descendente, importante no trecho como um todo. O uso do *sforzato*, existência estranha ao *self* segundo Adorno (op. cit., p.54), aumenta a angularidade melódica. Sol maior é a tônica num primeiro momento, reafirmando a subdominante como elemento notável da *coda* clássica.

Figura 45. Início da *coda* (594-602).

Trombones, tradicionalmente associados a vozes na música sacra, reforçam contraltos, tenores e baixos, em alguns inícios de frase se antecipando a eles (anacruses do 595, do 599 e do 615, com apoio de violoncelos e contrabaixos). Essas antecipações formam heterofonia, ainda que discretamente. Tenores e baixos são as primeiras vozes a entrar, em uníssono e *fortissimo*, com primeiro e segundo versos. Vozes femininas entram em *fortissimo* depois (603, com antecipação de violinos, flautas, oboés e clarinetes), firmando-se a polifonia. A frase anterior das masculinas é reformulada por sopranos. Cordas e contrafagote apoiam as quatro vozes com linhas mais ou menos originárias delas, com bordaduras, figurações melódicas (que se remetem

---

74 Primeiro e terceiro coros originalmente. Cf. nota 69.

indiretamente ao próprio tema principal do movimento) e eventuais permutas. Violas assumem as reconstruções mais livres.

As formações verticais dificultam a percepção de repetições melódicas, e as alterações instrumentais sobre o esqueleto apresentado pelas vozes geram choques harmônicos, como no início do 606, em que dó do contrafagote, dos violoncelos e dos contrabaixos soa simultaneamente com si dos baixos e dos trombones, formando-se sol maior com sexta (em razão dos primeiros violinos) e quarta agregadas. No 608, com *sforzato* marcante, atinge-se dó maior (temporariamente como sexto grau de mi). Em seguida, aparece a dominante ré maior (610).

Terceiro e quarto versos são apresentados por tenores e baixos em uníssono (do 611 ao terceiro tempo do 618), com violoncelos, contrabaixos e trombones apoiando-os. Como anteriormente, suas formulações são reapresentadas por sopranos (do terceiro tempo do 618 ao terceiro do 626), formando-se polifonia com as quatro vozes, com o apoio da orquestra. A harmonização é novamente surpreendente a ponto de dificultar a percepção da repetição. Inesperadamente, a música está em fá maior, passando por sua subdominante (620) e sua dominante (terceiro tempo do 623). Muda então para dó maior por meio de sua sensível (metade do 625), vindo tônica, subdominante com sétima (ainda no 625) e dominante (626).

A segunda porção da primeira parte da *coda* (da anacruse do 627 à anacruse do 655), *Adagio ma non troppo ma divoto*, começa com a precipitação instrumental (com expressivo *divisi* nas violas) da melodia do quinto verso (da anacruse do 627 à anacruse do 631, sem bordaduras nas cordas). As quatro vozes entram em homofonia com o texto devido entre 631 e 635 (antecipadas nas anacruses do 631 e do 633 pela orquestra). Violas substituem trombones como equivalentes orquestrais do coro, mas o fazem em relação a sopranos, contraltos e tenores, e violoncelos relacionam-se a baixos. Até então, o trecho centra-se em sol menor, mas demonstra sol maior e dó maior. O sexto verso é encontrado entre 635 e 639 (com antecipação instrumental na anacruse), *pianissimo crescendo*, passando por

A NONA SINFONIA E SEU DUPLO 143

sol menor, si bemol maior (637) e terminando na dominante de fá maior (638 e anacruse), *fortissimo*.

No sétimo verso, entre 639 e 643, com antecipação da orquestra e inesperada retração de dinâmica, a dominante de fá continua, resolvendo-se no 641 (o baixo movimenta-se um tempo depois). No 642, com a volta dos trombones (que só aparecem em um dos 15 compassos anteriores), ressurge a dominante de sol.

O oitavo verso da quinta estrofe (do segundo tempo do 643 ao 647), em *fortissimo*, não tem antecipação da orquestra, fazendo-se apenas sobre mi bemol maior. Trata-se do mesmo mi bemol maior tendendo ao registro alto que desempenha papel simbólico crucial no *Credo* da Missa *Solemnis*, como elevação às "regiões celestiais que transcendem a existência terrena" (Kinderman, 1995, p.251).

A partir do segundo tempo do 647, em *pianissimo*, emerge a harmonia de dó sustenido diminuto com sétima. O tímpano e as cordas graves transformam-na em lá maior com sétima e nona menores (dominante) no segundo tempo do 650. Vem o coro com eles (fazendo da entrada orquestral no 647 seu prenúncio), repetindo o último verso. Sopranos e contraltos entram um compasso antes de tenores e baixos; a estrutura rítmica é comum aos dois grupos, sugerindo-se imitação até que as vozes se sincronizem no 654. A partir do 650, semicolcheias (cordas e tímpano) e quiálteras de semínimas (madeiras) repetidas compõem granulação de textura que alude aos "astros" do texto.

Começa uma fuga dupla (da anacruse do 655 ao 730), vocal e em ré maior – *Allegro energico e sempre ben marcato* –, que corresponde à segunda parte da *coda*. Quatro vozes (coro) constituem sua base, mas há reconstruções ricamente figuradas em alguns instrumentos, gerando-se choques. Confrontando-se base e reconstruções, constata-se que há assincronia estrutural em muitos momentos, demonstrando-se heterofonia. Pode-se pensar em sopranos e primeiros violinos no 655: estes atingem a nota sol quando aqueles já estão na nota lá. Outro exemplo é o início da segunda metade do 663: violoncelos, contrabaixos, fagote e contrafagote ainda reforçam dó sustenido quando baixos já estão em ré.

A exposição estende-se da anacruse do 655 ao 687, e o divertimento, do 687 ao 730. O primeiro tema origina-se do tema principal do movimento, com metade da primeira estrofe de Schiller. O segundo tema vem do início da *coda*, com os dois primeiros versos da quinta estrofe. Implicitamente se sugere a união do profano e do sacro pelo caráter e pelo texto de cada um deles.

Figura 46. Primeiro tema da fuga dupla (654-662).

Figura 47. Segundo tema da fuga dupla (654-662).

Do 655 ao 663, sopranos apresentam o primeiro sujeito. Do 664 ao 667, repetem apenas o início do tema (duas notas). Uma linha relacionada ocorre a seguir, entre a metade do 667 e o 677. Da metade do 678 à metade do 686, dá-se a resposta tonal do segundo tema, seguindo-se uma linha baseada nele, do 687 à metade do 692. O primeiro sujeito retorna, um compasso menor e alterado no fim, entre o 693 e o 700, vindo após um fragmento do segundo tema (seu fragmento gerador), da metade do 700 ao 703. Entre a metade do 704 e a metade do 709, a base é o segundo tema, e entre a metade do 709 e o 712, é o primeiro. Antes do pedal de dominante, entre o 716 e o 730, há mais um segmento sobre o segundo tema, mas que lembra também o primeiro, da metade do 712 ao 716.

Contraltos apresentam o segundo sujeito entre a anacruse do 655 e a metade do 662. Um híbrido dos dois temas aparece entre este ponto e a metade do 670: insere-se no contexto do segundo tema a célula rítmica característica do primeiro (finais do 664 e do 668). O início do primeiro tema (duas notas) é a base para o 672 e o 674, e entre a metade do 675 e a metade do 678 esse tema também é fonte de construção. Sua resposta tonal, alterada no fim, aparece entre o 679 e o 687, e mais hibridismo ocorre entre a metade do 687 e o 691. O sujeito do segundo tema é alterado entre a metade do 692 e a metade do 700 (há sol sustenido no 697). Do 701 ao 709, constatam-se quatro fragmentos de dois compassos sobre o primeiro tema. Entre o 709 e a metade do 717, o segundo tema aparece com hibridismo em relação ao primeiro; esse último predomina a partir da metade do 713. Então, do 720 ao 730, o primeiro sujeito é alterado e estendido.

Tenores apresentam a resposta tonal do segundo tema entre a metade do 662 e a metade do 670, fazendo aparecer o primeiro sujeito entre o 671 e o 679. Do 680 ao 683, as duas notas do início do primeiro tema aparecem neles repetidamente. Entre a metade do 683 e o 689, identifica-se hibridismo envolvendo os dois temas. Entre a metade do 689 e o 701, o hibridismo continua, prevalecendo o primeiro tema. Predomina o segundo tema, mas com sugestões do primeiro, do 701 à metade do 716. Entre a metade do 718 e a metade do 721, há imitação do que sopranos fazem entre a metade do 716 e a metade do 719. Mais hibridismo ocorre da metade do 721 ao 730: a base é o segundo tema, mas há elementos rítmicos do primeiro.

Baixos começam com uma resposta tonal do primeiro tema, do 663 ao final do 670, demonstrando a seguir o segundo sujeito, do final do 670 ao início do 678. Do início do 678 à metade do 688, os dois temas são sua referência (o texto é do segundo), depois a base é o segundo, do 689 à metade do 692. As duas notas iniciais do primeiro aparecem repetidamente entre o 694 e o 697, como se dá, em outros pontos, com as outras vozes. Da metade do 697 ao 701 e do 709 à metade do 717, o primeiro tema é ponto de partida; mas, da metade do 702 à metade do 708 e da metade do 719 ao 730, o segundo origina as estruturas (insinuando-se sujeito no último segmento).

Primeiros violinos seguem sopranos com figurações, exceto entre 678 e 693 e entre 700 e 719, então garantindo apoio literal. Segundos violinos fazem algo parecido com contraltos, demonstrando figurações entre o 672 e o 692, entre o 701 e o 709 e entre o 720 e o 730, tocando excepcionalmente sem a presença deles durante um compasso e meio a partir do 691 e acrescentando notas à harmonia no 699 e no 700. Violas seguem tenores, fielmente entre o 662 e o

671 e entre o 701 e o 730. Violoncelos ficam com baixos e excepcionalmente com tenores,[75] assumindo figurações entre o 663 e o 671 e entre o 709 e o 718. Contrabaixos seguem baixos com figuração infrequente, apenas entre o 663 e o 671, no 694, no 696 e entre o 709 e o 718.

Oboés e flautas seguem sopranos sem figuração. Clarinetes, também sem ela, apoiam contraltos. Fagote I caminha com tenores comumente sem figuração, também se unindo a violoncelos (no final do 670, entre o 678 e o 683 e no 708) e a baixos (no 689 e entre o 716 e o 718). Fagote II une-se a fagote I entre o 664 e o 671, entre o 678 e o 680, no 681, entre o 687 e o 701, entre o 706 e o 708 e entre o 716 e o 718, mas segue contrabaixos no 663, no início do 664 e no fim do 670, e acompanha baixos entre o 671 e o 687, entre o 702 e o 706 e entre o 709 e o 730. Contrafagote reforça contrabaixos.

Trompas de início seguem tenores parcialmente, com mudanças e desvios (como entre 675 e 678). A partir da metade do 684, garantem apoio harmônico e melódico sem vínculo específico com eles. Trompetes e tímpanos, frequentemente associados, também oferecem apoio global. Trombones seguem contraltos, tenores e baixos com eventuais desvios e omissões.

A harmonia na fuga dupla geralmente se faz sobre graus de ré maior, com algumas dominantes secundárias como dominante da dominante com sétima (664), dominante da subdominante com sétima (723) e dominante da relativa com sétima (687). Em alguns momentos, ocorrem formações mais peculiares, como sol sustenido meio-diminuto (com nona menor, final do 667), si menor com quarta e segunda (segunda metade do 677), lá com sétima, quarta e segunda (685), si maior com sétima (689), mi meio-diminuto (691), dó sustenido maior com sétima (706) e mi sem terça sobre lá (714).

A terceira parte da *coda* (730-763) demonstra estrutura rítmica que lembra "a" do primeiro movimento. Da quinta estrofe com material de Schiller, quinto, sexto, sétimo, terceiro e quarto versos são

---

75 Ficam com tenores no 662, entre o 671 e o 678, no 680, no 682, entre o 692 e o 698, entre o 701 e o 703, no 708 e entre o 718 e o 720.

utilizados. Sem outras vozes, baixos cantam do 730 ao 734, tenores, do 734 ao 738, e contraltos, do 738 ao 742. Todo o coro reúne-se em seguida, entre 742 e 763. Até o 745, a orquestra segue as vozes literalmente (cordas) ou com notas repetidas (madeiras, aludindo aos "astros" do texto). No 745, há referência melódica a "a" (quarta descendente começando em lá). A partir do 746, o coro por algum tempo não se associa a esse elemento, e a orquestra acompanha-o com maior liberdade. A partir do 751, "a" volta indiretamente por meio de movimentos escalares ascendentes nas madeiras. Mesmo sendo liquidantes, eles sugerem a rítmica do primeiro tema da fuga dupla.

Não há verticalidade além de oitavas até o 745, sugerindo-se com ambiguidade fá sustenido diminuto entre o 730 e o 733, dó sustenido diminuto com sétima entre o 733 e o 736, mi bemol maior entre o 737 e o 739 e si bemol aumentado entre o 741 e o 743, com frequentes movimentações cromáticas entre tais insinuações. Voltam estruturas acórdicas a partir da segunda metade do 745: há lá maior, mi maior com sétima sobre lá (747), lá com terça maior e terça menor ao mesmo tempo[76] (758), ré maior com sétima e sol maior (759).

A quarta parte (763-843), em 2/2, *Allegro ma non tanto*, tem formações canônicas quase constantemente. Nela, há dois processos básicos de cânone. O primeiro é bastante transparente e inicia no 763. Já o segundo, introduzido no 783, é consideravelmente mais complexo. De início, o primeiro instaura-se nas cordas (763-767), que lembram o primeiro tema da fuga dupla e têm apoio das madeiras a partir da metade do 765: segundos violinos imitam primeiros à oitava, atrasados meio compasso, e violas, que entram junto com segundos, terça abaixo deles, antecipam melodicamente primeiros com meio compasso de antecedência. A estrutura instituída começa a quebrar-se no 766, restando escalas em movimento contrário e paralelo. Violoncelos e contrabaixos tornam a harmonia mais clara. Formam-se subdominante, subdominante relativa e dominante com sétima.

---

76 Há óbvio duplo sentido harmônico: tanto a dominante de ré maior quanto a subdominante relativa de sol maior são propostas.

Ausentes desde o 432, solistas voltam a partir do 767, e os dois primeiros versos de Schiller fundem-se. Tenor e barítono, em terças, apresentam fragmento (767-770) que dialoga com o início deste primeiro processo canônico (cordas), como ele diretamente ligado ao tema da *Ode à alegria*. Respectivamente, soprano e contralto imitam barítono e tenor antes que eles terminem suas partes (769-772). O desenho do primeiro compasso das entradas vocais ecoa nos instrumentos no 768 (clarinete), no 770 (flauta), no 771 (oboés, clarinetes e fagotes, em terças) e no 772 (violinos). Violas e trompa fazem com que a nota ré seja pedal em harmonias de tônica e dominante.

Em seguida, o cânone do início é refeito, à oitava, com madeiras (começo do 773) e cordas (metade do 773). Ele proporciona transição harmônica, valendo-se de primeiro grau (773), sexto (774), sétimo da dominante (775) e quinto da dominante (776).

Voltam solistas, então na dominante, com cordas e trompas fazendo pedal sobre ela. Soprano e contralto distanciam-se por terças, entre 777 e 780, assim como tenor (que imita soprano) e barítono (que imita contralto), entre 779 e 782. Como anteriormente, há ecos dos inícios das entradas vocais, no 778 (oboé), no 780 (clarinete), no 781 (oboés e fagotes, em terças) e no 782 (flauta e clarinetes). Nesse último compasso, oboés e fagotes mais ou menos antecipam o material que vem a seguir. Sugerem-se dominante e dominante da dominante.

Na sequência, começa o segundo processo canônico. Um módulo principal (soprano, 783-787) e um secundário (mesma voz, 787-791) são seus materiais básicos, ambos com quatro compassos de duração e com o quinto verso da primeira estrofe de Schiller (o sexto reapresenta-se a partir do 791). O módulo principal vale-se constantemente de repetições de notas, e o secundário é ao mesmo tempo divisível em dois e em quatro subgrupos (apontando quatro vezes a mesma ideia). Apenas soprano e barítono fazem dos dois módulos uma unidade: as outras vozes não incorporam abertamente o secundário (há duas camadas canônicas, portanto, uma formada pelo módulo principal e secundário em conjunto, outra formada apenas pelo principal). O principal permite imitações com um compasso (soprano e tenor, 783 e 784) e três de defasagem (tenor e barítono, 784 e 787). Eventualmente, o secundário encontra-se um compasso antes do principal (787, soprano em relação a contralto, e 791, barítono em relação a tenor).

Figura 48. Módulos principal e secundário (782-790).

Após introduzir (com preparação anacrústica) os dois módulos, soprano combina quarto compasso do módulo principal com segundo do secundário, entre 791 e 793, e junta os dois primeiros do principal aos dois primeiros do secundário, entre 793 e 797. No 797, sugere disfarçadamente o último do principal, e no 798, o penúltimo. Repete essas sugestões, com finalização, entre 799 e 802.

Entre 783 e 787, contralto apresenta construção relacionada ao módulo principal (que no início antecipa seu segundo compasso e na metade final prenuncia o módulo secundário). Faz aparecer propriamente o principal entre 788 e 792 e assume repetições da nota lá entre 792 e 798. Seu material no 798, que lembra o secundário, repete-se até o 801, ponto em que vem a finalização da linha.

Tenor adota o módulo principal, do 784 ao 788, e em seguida se encarrega das repetições da nota lá, do 788 ao 792 (o que contralto faz posteriormente). Demonstra o principal com os seus dois últimos compassos alterados, entre o 792 e o 796, e estabelece quinta justa descendente (que se remete a "a") e mais repetições da nota lá, no 796. Faz reaparecer no 797 o que se encontra no soprano no 792 e altera o último compasso do principal no 798. A reorganização dos dois compassos anteriores e a finalização da linha têm lugar entre 799 e 802.

Barítono começa com os dois módulos (787-795). Depois, assume estruturas aparentemente mais vinculadas ao secundário, que complementam a harmonia (795-798). Procede em seguida às repetições da nota lá e à finalização (798-802).

Coro insere-se no segundo processo canônico com o módulo principal (795-799), repetindo depois seus dois últimos compassos (799-801) e mantendo-se, mesmo adiante, ligado a ele (801-804). A partir do 802, numa espécie de transbordamento, vale-se dos dois compassos iniciais, mas evita repetições de notas.

Orquestra clareia a harmonia e dá apoio livre, em alguns momentos criando contracantos (oboés e clarinetes, 795-797, por exemplo). Há frequentemente nas madeiras duas semínimas relacionadas entre si por grau conjunto, acompanhadas por pausas no início e no fim dos compassos (oboés, 784). Essa construção prenuncia a do início da última parte da *coda* (cordas, 843). Trompas principiam no 787 extenso trecho de sustentação e repetição da nota lá que, com a participação de trompetes e tímpano a partir do 801, vai até o 806. Cordas tornam sua presença mais regular com a entrada do coro no 795, apoiando-o. Este tem no 804 e no 805 seus dois últimos compassos refeitos pelo grupo instrumental.

Entre o 783 e o 787, a harmonia é marcada por pedal parcial de dominante nos contrabaixos, com dominante (com sétima) e tônica apresentando-se. Essas duas funções continuam a alternar-se mesmo a partir do 787, ponto em que começa a sustentação da nota lá pelas trompas. Entretanto, a dominante prevalece entre o 801 e o início do 806.

Reintroduzindo o sétimo verso da primeira estrofe de Schiller, coro volta a partir do 806, com estruturas que lembram "a" do primeiro movimento e "m_1" do *scherzo*, remetendo-se também ao tema principal do *finale* (95) e à rítmica das vozes masculinas no 769 (806-810). A harmonia é de tônica (806), tônica relativa (807), subdominante (808) e subdominante relativa (809), lembrando o início desta quarta parte da *coda* pelas terças descendentes.

Entre 810 e 814, surge *Poco adagio* e ampliam-se as repetições de semínimas do módulo principal (sugerindo-se o tipo de estruturação do 768 – vozes masculinas). Os violinos apresentam construções descendentes, e o restante dos instrumentos apoia as vozes de forma mais direta. No 812, um fragmento baseado no material do 767 faz-se notar (sopranos). Há dominante com sétima (810), tônica relativa

(811), subdominante relativa (812), tônica (813) e dominante. O oitavo verso da primeira estrofe junta-se ao sétimo.

Volta o módulo principal (814-818), *Tempo I*, construído com ornamentação pela flauta, pelo oboé e pela trompa (todos indiretamente reforçados por seus semelhantes), com dominante com sétima e tônica. Fagotes estabelecem de início linha composta descendente (814-816) e depois executam os dois primeiros compassos do módulo secundário (816-818). Clarinetes, associados a trompas, apresentam repetições da nota lá.

Posteriormente, sopranos retomam o módulo principal (818-822), fazendo da ocorrência instrumental anterior sua preparação. Contraltos reapresentam a parte de contralto (783 e 784) entre o 818 e o 820, recriam o fim do principal no 820 e repetem a nota lá no 821. Tenores relacionam-se também a contralto (784) no 818, mostram o início do principal no 819 (com um compasso de defasagem em relação a sopranos, como se dá com solistas no 783 e no 784), repetem a nota lá no 820 (ação que corresponde à dos baixos entre o 818 e o 822) e refazem o fim do principal no 821.

Flautas, oboés e clarinetes, com complementos harmônicos, apresentam os primeiros dois compassos do módulo secundário (818-820) e o terceiro e o quarto do principal (820-822). Fagotes recriam sua linha composta descendente anterior (818-820), tendo nas notas superiores a sugestão dos dois primeiros compassos do principal, mas a partir do 820 se unem de certa forma ao resto das madeiras. Trompas repetem a nota lá e apoiam o principal. Cordas reforçam livremente a estrutura entre o 818 e o 820, por meio das cabeças dos tempos, e demonstram os dois primeiros compassos do secundário entre o 820 e o 822.

Entre o 822 e a metade do 830, há a recriação do segmento notado entre o 801 e a metade do 809, apenas com pequenas diferenças de distribuição de notas.

Em vez do coro, dão continuidade os solistas (parecendo vir do interior dele), da metade do 830 ao 843. Num breve momento, todas as vozes se juntam, pois o coro reaparece, entre a metade do 831 e a metade do 832 (compasso em que retorna *Poco adagio*). Soprano dá origem a padrão rítmico e melódico no 836 (preparado no 835) que é imitado pelas outras vozes: contralto no 837, tenor no 837 e no 838 e barítono no 839 – este compensando sua ascensão com arpejo descendente no 840. A orquestra insere-se discretamente, e a harmonia tem mi maior a partir da metade do 831, si maior a partir do 834, dó sustenido menor a partir do 835, fá sustenido maior com sétima (alternando-se com si maior) a partir do 837 e si menor a partir da segunda metade do 841. Como na retransição (entre 535 e 542), com a descida por grau conjunto, entre 841 e 842, si menor transforma-se em ré maior em segunda inversão – primeira parte de um cadencial $_4^6$ relacionado à tonalidade principal (resolvido adiante). O movimento que provoca essa mudança significativa conecta-se não apenas à retransição, mas também ao próprio início do movimento e à parte do barítono no 238.

A quinta e última parte da *coda* (843-940) começa com fragmentos construídos sobre segunda maior descendente – violinos *versus* violas, violoncelos e contrabaixos. Trata-se da mesma segunda que muda a harmonia no trecho anterior, envolvendo si e lá. Na aglomeração progressiva de imitações, o andamento sofre aceleração (*Poco allegro, stringendo il tempo, sempre più allegro*), e a dinâmica apresenta *crescendo* a partir do 847, ponto em que cordas se unem. No 849, entram madeiras, metais e tímpano. Esses compassos introdutórios (843-851) consumam a dominante do cadencial $_4^6$ iniciado no fim da parte anterior (842).

Em *Presto*, quatro compassos (851-855) têm base no início da primeira parte da *coda* e lembram indiretamente o módulo principal da quarta, passando por tônica, dominante, subdominante relativa, dominante da subdominante relativa, dominante da dominante e dominante com sétima. Há uma reconstrução com a participação do coro (855-859) – que se vale dos primeiros dois versos da quinta estrofe com material de Schiller –, mas desta vez o final da estrutura se repete (859 e 860), e as dominantes da subdominante relativa e da dominante são montadas com sétima (856 e 858, 857 e 859). Madeiras e cordas a partir do 854 executam semínimas e colcheias agregadas, também marcantes posteriormente (como acompanhamento).

Entre 861 e 865, resgata-se ritmicamente o final das frases periódicas do tema principal (95, 99) na maior parte das madeiras (contrafagote – diretamente associado a cordas graves – é exceção, tem melodia feita unicamente de semínimas) e na metade das trompas. A outra metade sustenta a nota lá, como coro (contraltos mantêm-na até o 870), trompetes, tímpano e primeiros violinos. O restante das cordas acompanha as madeiras. Coro recupera movimentação no 864 (à exceção dos contraltos) e principia reapresentação do terceiro e do quarto versos da quinta estrofe. Entre 865 e 869, incorpora o material das madeiras (que então têm flautim sustentando lá) e das trompas, mas abandona-o para que sopranos (apoiados por parte considerável da orquestra) aludam ao fim do módulo principal da quarta parte da *coda* entre 869 e 873. Constata-se reformulação mais conclusiva desses últimos compassos, do 873 ao 877. Há dominante (frequentemente com sétima), tônica e subdominante relativa (com sétima, a partir do 870).

Entre 876 e 880, com reforço do contrafagote, começa um diálogo entre cordas e coro (que reintroduz os primeiros dois versos da quinta estrofe), com fragmentos baseados no início da primeira parte da *coda*, formando-se tônica e subdominante relativa (com suas respectivas dominantes). No 877, cordas executam figuração já apresentada por elas no 854, que ganha força com o apoio das madeiras a partir do 879. Em seguida, duas frases com estruturas rítmicas regulares e perfis melódicos descendentes são propostas pelo coro (a segunda com acompanhamento orquestral mais estático), do 880 ao 887 e do 887 ao 895. No 877, há a entrada antecipada da segunda. No 886, a quinta descendente sugere "a" nos sopranos. Si maior com sétima (880 e 887) resolve-se em dó maior (883 e 891), seguindo-se fá maior (885 e 893), ré menor (segunda metade do 885 e segunda do 893), lá maior (886 e 894) e, brevemente, lá menor (894).

Em duas frases, o início do tema da *Ode à alegria* é sugerido nos sopranos, do 895 ao 899 e do 899 ao 904, com contraltos, tenores e baixos realizando arpejos. As duas ideias são apoiadas pela orquestra, mas as madeiras também assumem ascensão escalar. No 903, contrafagote, violas, violoncelos e contrabaixos trazem à memória particularmente o início da quarta parte da *coda* e o primeiro tema da fuga dupla. Subdominante (com sua dominante com sétima e sua subdominante relativa[77]), dominante com sétima e tônica estão presentes.

Por meio do coro, quatro compassos (904-908) remetem-se ao tema da *Ode à alegria* e ao módulo principal da quarta parte da *coda*, com apoio orquestral essencialmente escalar. Passa-se por tônica relativa, subdominante, subdominante relativa com sétima e dominante, reapresentando-se o primeiro verso da primeira estrofe de Schiller. O arremate é relacionado melodicamente a "a" (quinta justa descendente). Trompas e trompetes imitam os últimos dois compassos e meio, com alteração inicial e apoio de outros instrumentos (flautim, flautas, oboés e clarinetes), da metade do 907 ao 910. Coro, reforçado por trompetes, altera e estende esse recorte, entre a metade do 909 e o 913. Novamente, flautim, flautas, oboés, clarinetes, trompas e trompetes (com trombones quase se unindo a eles) realizam imitação, da metade do 912 à metade do 915.

Outra construção principia, da metade do 915 ao 918, com o segundo verso da primeira estrofe. No 916, o andamento torna-se *Maestoso*, e o compasso, 3/4. Notas pontuadas e seus complementos rítmicos remetem-se a "a". Em seguida, uma formação próxima das frases que se firmam entre o 895 e o 899 e entre o 904 e o 908 encerra a participação do coro (918-921), com o início da primeira estrofe, lembrando o tema principal e "a" (novamente há quinta descendente no fim). Cordas e flautim adensam a textura por meio de fusas, a partir da anacruse do 918. As harmonias são de dominante com sétima (a partir da metade do 915), tônica (primeiro tempo do 918), subdominante (segundo tempo) e subdominante sobreposta a dominante (primeira metade do terceiro tempo).

Há *Prestissimo* e 2/2 a partir do 920. Um padrão que sugere o tema principal (920-922, trompetes assumem-no de maneira mais

---

77 A subdominante relativa da subdominante prepara no 898 a volta à subdominante, não reaparecendo na segunda frase do trecho.

estável) é repetido (922-924). Paralelamente, cordas (violinos e violas) apresentam-no no dobro da velocidade. Nos quatro compassos seguintes (924-928), preparam-se as afirmações de fechamento da obra, insinuando-se progressão melódica ascendente que objetiva a nota lá, sobre tônica e dominante. Consolida-se a tônica em quatro outros compassos (928-932), refeitos com estruturação ainda mais intensa (932-936), afirmando-se "a" pelos saltos descendentes. Do 936 ao 940, é construído o último fragmento; nele, madeiras ascendem melodicamente por quiálteras de semínimas, repetindo a partir do 939 a nota lá em semínimas normais e afirmando a partir da anacruse do 940 a quinta descendente de "a" – manifestação melódica inicial e final da Nona. Até o 924, aparece tônica nos primeiros três quartos de compasso e dominante no último. Do 924 ao 927, a cada compasso as duas harmonias ocorrem duas vezes. Depois, firma-se apenas a tônica ré maior (no 927, pela movimentação melódica, há quarta e segunda em relação à fundamental – o que eventualmente ocorre de forma mais discreta desde o 920). No 937 e principalmente no 939, ré parece tornar-se elemento cadencial de si mesmo, como se substituísse sua própria dominante.

3
A NONA SINFONIA DO PIANO

Não se entende facilmente um impulso que faça o compositor das sonatas *Waldstein* e op.57 em fá menor *Appassionata* (1805), sem dar nenhuma forte pista anterior, criar uma obra quase do tamanho das duas juntas e então afirmar: "Agora eu sei como escrever música" (Rosen, op. cit., p.409). Ainda assim, parece aceitável que a reciclagem do estilo *heroico* na fase tardia – então como temática – tenha participação na questão.

O lugar-comum referente à *Hammerklavier* não poderia deixar de ser mencionado aqui: ela é a mais longa e a mais difícil sonata para piano de Beethoven. *Tour de force* é associação inevitável quando se pensa nela, tanto pelas dificuldades técnicas exigidas do intérprete (talvez excessivamente grifadas) quanto pela atenção que sua audição demanda (pela imensa dificuldade intrínseca do texto, da composição em si). O preenchimento de todos esses quesitos do sublime teria de vir de uma deliberação do compositor. Rosen confirma isso, dizendo que Beethoven simplesmente decidiu escrever sua maior sonata, não tanto sintetizando uma experiência de vida (como as obras tardias de Bach), mas estabelecendo uma demonstração de poder (ibid., p.404). Sua famosa declaração de 1819, quando a obra já estava terminada, torna-se, assim, menos deslocada: "aí está uma sonata que manterá os pianistas bem atarefados quando for tocada daqui a cinquenta anos" (Solomon, op. cit., p.399). Tal previsão foi em boa medida confirmada: poucos pianistas aventuraram-se com a *Hammerklavier* antes das últimas décadas do século XIX.

A aparente altivez dessa declaração contrasta com as condições angustiantes que envolveram o processo da obra, expressas pelo próprio Beethoven (Eaglefield-Hull, 1972, p.268). Aparentemente, não só sua saúde não andava bem como pensamentos depressivos tomavam-no. Ele passava, entre 1816 e 1819, pelo mais baixo nível de produtividade de sua carreira (Solomon, op. cit., p.309), e a fase tardia, deve-se lembrar, ainda estava afirmando-se. A *Hammerklavier* seria, talvez, a tentativa de quebra de um impasse, e de fato as declarações posteriores a ela sugeririam êxito, acompanhado por certo revigoramento. Reflete a transcendência não apenas a obra em si, mas o processo criativo que a envolve.

A op.106 foi composta entre a segunda metade de 1817 e agosto de 1818, ganhando pouco depois o primeiro compasso do terceiro movimento – que estabelece conexões motívicas importantes. O primeiro intérprete a apresentá-la publicamente foi Liszt, aproximadamente duas décadas após sua composição. Antes disso, enquanto Beethoven era vivo, a *Hammerklavier* fora executada reservadamente por pianistas como Ries, Carl Czerny (1791-1857) e Cipriani Potter (1792-1871). Segundo William Kinderman, a *Hammerklavier* particularmente contribuiu para que a fase tardia do compositor ganhasse a reputação de música "inacessível" (op. cit., p.201).

O tratamento idiomático caracterizado por efeitos de pedal (tanto do pedal de sustentação quanto do *una corda*) e o emprego de quase toda a tessitura do piano sugerem, contraditoriamente, espécie de sonata-sinfonia, especialmente pela qualidade orquestral que se insere no processo. Sendo uma obra para um instrumento, ela não trataria de, pateticamente, simular uma orquestra. Trabalharia e desenvolveria, sim, a orquestra singular que é o piano. É pertinente, portanto, a observação do pianista e compositor Anton Rubinstein ao chamar *Hammerklavier* de sinfonia para o instrumento (Dubal, 1991, p.227). Claro, ele foi além, chamando-a de Nona sinfonia do piano...

As predominantemente velozes indicações metronômicas da obra, já discutidas em um trabalho anterior (Bento, op. cit., p.125-7), fazem com que ela se torne ainda mais difícil, sendo raras as interpretações que se proponham a, pelo menos, levá-las em consideração. Sobre isso, afirma Brendel (1931):

> No primeiro movimento particularmente, o tempo indicado [138 mínimas por minuto] não pode ser atingido, ou sequer aproximado, em qualquer instrumento do mundo, por qualquer instrumentista, seja ele mesmo o diabo encarnado, sem uma penosa perda de dinâmica, cor e clareza. (2001, p.33)

Se somente andamento, dinâmica, cor e clareza estivessem em jogo, então a questão resumir-se-ia à escolha entre velocidade e sonoridade. Entretanto, seria necessário que se reconhecesse o quanto desfavorece o estabelecimento do fluxo para a frente e a transparência de certas formações rítmicas (17-27, por exemplo) uma execução desse movimento muito abaixo de seu andamento, adotada pela maioria esmagadora dos intérpretes. No limite, obscurece seu caráter (Rosen, op. cit., p.421). Dificuldades não são estranhas à música de Beethoven, e o papel delas em seus processos do sublime já foi discutido. Segundo Marston, que cita o *finale* da *Hammerklavier* e a *Grande fuga* op.133, "a sensação de tensão ou dificuldade colocada igualmente no executante e no ouvinte parece ser quase uma parte calculada do efeito estético" (1996, p.75). Desse ponto de vista, distanciar-se excessivamente do andamento beethoveniano indicaria perigosa licença.

Rosen (loc. cit.), um dos poucos pianistas que gravaram a obra aproximando-se de suas indicações metronômicas, lembra que, apesar de elas não precisarem ser tomadas literalmente, Beethoven nunca escreveria simplesmente *Allegro* – caso do primeiro movimento da *Hammerklavier* – se desejasse *Allegro maestoso* ou *Allegro ma non troppo*. *Allegro* "puro" sempre seria para ele andamento mais rápido. Dessa forma, qualquer tentativa de transformar o movimento em *Allegro maestoso* trairia sua concepção. Rosen ainda nota que a aspereza faz parte da obra; e, nesse caso, a sonoridade resultante de uma execução próxima dos andamentos originais não seria, de forma alguma, prejudicial. Em um certo sentido, todos os andamentos originais da op.106 – não só o do primeiro movimento – viriam ao encontro da visão do próprio Brendel da peça. Segundo ele, com rasgos extáticos, primeiro, segundo e quarto movimentos corresponderiam a uma fase (maníaca) de um distúrbio bipolar. O terceiro corresponderia à outra (depressiva) (op. cit., p.76).

Primeiro movimento

A aspereza já é imediatamente percebida nos primeiros quatro compassos do *Allegro* – a maior expressão do estilo monumental num primeiro movimento de sonata de Beethoven –, marcado pela obsessão por terças descendentes, responsáveis pela ordenação harmônica das seções e das subseções. Essas terças relacionam-se diretamente ao motivo intrínseco da obra (figura 6), indicando que geração motívica e planejamento harmônico se confundem.

Figura 49. Início da *Hammerklavier* (1-4).

Nesses compassos, que segundo Brendel fazem referência a *vivat, vivat, Rudolphus*,[1] nota-se, além de duas formações de terças descendentes (ré-si bemol, fá-ré), também o próprio motivo intrínseco, apresentado na sua expressão fundamental (si bemol-ré-ré-si bemol).

---

1 A *Hammerklavier* foi dedicada ao Arquiduque Rudolph (1788-1831).

Constata-se, paralelamente, a célula rítmica mais notável do movimento, minúscula, como seria de se esperar no estilo monumental: colcheia em anacruse e semínima pontuada na cabeça do tempo. Pelo pedal de sustentação, notas principais misturam-se com apojaturas, aumentando a rusticidade desse prólogo – primeiro elemento temático[2] –, em si demonstração de poder plenamente consonante com a da obra na íntegra. A partir da anacruse do compasso 5, inicia-se o segundo tema do primeiro grupo temático; entram três delicadas linhas contrapontísticas básicas, intensificando-se progressivamente pela ampliação da tessitura e por um *crescendo poco a poco*. Com isso, a sonoridade gradativamente muda, tornando-se novamente agressiva pouco antes da entrada do terceiro tema do primeiro grupo (17-34). Tudo acontece em apenas 16 compassos, exatamente a mesma extensão da formação temática no início da Nona. Justamente reforçando certa qualidade formadora do que o antecede, o terceiro tema atinge o pensamento vertical, ordenando três planos sonoros distintos (baixo, acordes da melodia e do acompanhamento) numa marcha harmônica que sofre aceleração, suspensão e dissolução (a partir do 24, do 27 e do 31).

A transição retoma a primeira estrutura temática, apresentando bruscamente a dominante de sol maior (37, exemplo do abandono de explicações harmônicas na fase tardia), vindo a seguir a solidificação do novo tom, primeiro com construção sobre a célula rítmica que abre o movimento (a partir do 39, dominante), depois com a adição de fluentes linhas (preparadas já no 45), na sua maioria descendentes, que se fazem por células parecidas com grupetos (mantendo semelhanças com algumas estruturas em semicolcheias surgidas no último movimento, a partir do 16). Essas linhas diminuem a marcha da música, preparando o segundo grupo temático, cuja primeira parte ou primeiro tema (63-75) tem base na rítmica das

---

[2] Usa-se a expressão "elemento temático" em razão das proporções pequenas e do tipo de discurso do segmento, que tem, apesar disso, função de tema. Por isso, seu sucessor é chamado de segundo tema.

delicadas linhas contrapontísticas do início, mas com perfil melódico tendendo à inversão. Depois, tortuosa melodia cromática de colcheias aparece sobre movimentação harmônica lenta (75-91). A movimentação intensifica-se e torna-se mais complexa por meio de progressão de quartas, conduzindo à próxima parte do segundo grupo – terceira –, com imitações canônicas em linhas duplas (91-94), encadeamentos (94-96) e um longo e desproporcional cadencial $^6_4$ (96-100, a dominante com sétima só se impõe no fim do 99) com acompanhamento figurado que recupera a estrutura sugestiva de grupetos e torna-se linha melódica.

Figura 50. Início do segundo grupo temático (62-64).

Atinge-se a quarta e última parte do segundo grupo temático (100-125a, primeira vez, 100-124b, segunda), cujo início, pela intensa mudança de textura (entrada de semínimas em tercinas, acompanhamento arpejado, *piano cantabile dolce ed espressivo*), reflete outra dimensão de música, mais estática e inconsistente. Entretanto, sua repetição alterada (106-112) tira a narrativa desse ambiente, substituindo tercinas de semínimas por colcheias, algumas harmonias menores por maiores e adicionando longo trinado de função tímbrica e *crescendo*. Intensificando os elementos participantes, Beethoven prepara veementemente um clímax nesses compassos. A resolução harmônica na nova tônica sol maior é substituída surpreendentemente por sol maior com sétima menor (112), que adquire efeito dramático único justamente por não se confirmar como dominante (não há resolução posterior em dó). Com dominantes de passagem, retorna-se a sol maior (116), tônica; com a volta a si bemol maior por meio de graus conjuntos (casa 1, referindo-se ao início das linhas contrapontísticas na anacruse do 5), há a reintrodução da célula rítmica inicial do movimento, preparando-se motívica e harmonicamente a repetição.

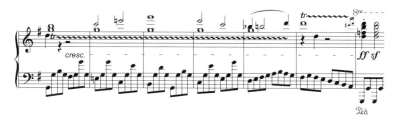

Figura 51. Intensificação, trinado tímbrico e resolução harmônica inesperada (106-112).

A nota si bemol não é retomada na segunda vez que se chega ao fim da exposição. A terça de sol maior é sua substituta, sugerindo-se então, notavelmente pela primeira vez, a oposição entre si bemol e si bequadro (ou natural), um dos fundamentos da *Hammerklavier* – evidenciando-se o imenso equívoco de interpretação que é a supressão do único *ritornello* da obra. O desenvolvimento começa, com isso, em sol maior, parafraseando o final do segundo grupo temático (124-138) e conduzindo a um fugato (138-177). Neste, há tensão crescente, ampliada no próximo trecho (177-201), que bloqueia o fluxo do discurso e termina com repetições da célula inicial (198-201), *diminuendo* e *poco ritardando*.

Voltam as tercinas e o ambiente que elas ajudam a criar (201-213), desta vez com sugestões das figuras que lembram grupetos, em polirritmia e em si maior. A retransição (213-227), partindo da dominante fá sustenido maior, subitamente interrompe essa atmosfera, recuperando estruturas do fugato, porém condensando-as (213-223) e liquidando-as (223-227). O fugato é mutilado até que reste somente a célula inicial do movimento, seu material básico. A ironia tem profundidade única, pois Beethoven isola a célula até mesmo de harmonias triádicas: há somente harmonias intervalares na liquidação – sextas e quintas –, de forma alguma acordes incompletos.

Nesse contexto, incomum é haver espaço também para o sublime. As tensões alimentadas pelas harmonias intervalares e pelo deslocamento ascendente e cromático ressuscitam o início da obra (na destruição das fundações do fugato), fazendo-o reaparecer em seguida, de forma ainda mais viva (ou pelo menos mais dinâmica) do que antes.

Os quatro compassos iniciais ressurgem na reexposição (a partir do 227) com fluência inédita, pelas figurações da mão esquerda que lembram tanto a transição quanto o fugato. As delicadas linhas contrapontísticas tornam-se mais densas e numerosas (há quatro vozes básicas, com notas pedais a partir do 234 que se sintonizam com a reexposição do primeiro movimento da Nona), não se separando do gesto afirmativo inicial. O plano global é alterado, e a harmonia é conduzida para sol bemol maior, base do terceiro tema do primeiro grupo (249-266), que então apresenta mais acordes diminutos e sonoridade mais violenta do que seu equivalente da exposição. No 266, sol bemol é substituído, por enarmonia, pela dominante sem terça de si menor – a tonalidade "negra" de Beethoven (Kinderman, op. cit., p.202), oponente de si bemol maior na obra. A resolução correspondente inicia a transição (267-295), que por sua vez reconduz a música a si bemol maior. O segundo grupo temático (295-362) aparece apenas com pequenas diferenças em relação à exposição (além da transposição), constituindo segmento mais estável da reexposição. Há, então, certo esmaecimento, talvez justificável pelo aumento de tensão que a tonalidade homônima do sexto grau tende a gerar no modo maior (Rosen, op. cit., p.27, 23-4), fazendo com que o segundo grupo temático tenha mais vigor na exposição (sol maior) do que na reexposição (si bemol maior). Entretanto, a reconstrução frequentemente terça acima, a alteração de textura no trecho com trinado tímbrico (338-344, a melodia da mão direita faz-se em oitavas) e a ampliação do final do segundo grupo (350-362) geram notáveis ênfases.

A *coda* começa com tendência ambígua à subdominante, com versão sintética do início da última parte do segundo grupo temático, alargando o trinado, que a seguir volta ao normal e torna-se duplo. Dá continuidade um cadencial $\frac{6}{4}$ disfarçado (372-377), por trás de um acorde com fermata e trinado na superior seguido de movimento escalar. A partir de uma progressão ascendente (377-386), a estrutura inicial da obra sofre fragmentação (com dramáticos contrastes de dinâmica), processo que continua após a progressão, quando o trinado alargado torna-se figura oscilante na parte grave (a partir do 386). A música é liquidada, chegando a rara indicação do compositor de triplo *piano* (403), seguindo-se um *crescendo* ao *fortissimo* concentrado na extensão de um único compasso (deslocado). Conclui-se o *Allegro* por movimento descendente.

Segundo movimento

O *scherzo* da *Hammerklavier*, ao contrário dos outros movimentos, não assume proporções extraordinárias. Contudo, é o primeiro da História a aliar ritmos binários a ternários (Guardia, 1948, p.417), apresentando porção retransitiva peculiar e *coda* intrigante. Uma das composições mais radicais e irônicas da fase tardia, esse pequeno movimento é marcado por conflitos de materiais e insistente extravagância. Junto a todas as suas violências internas, há também a violência contra o fruidor.

Sua seção "A" (1-46) subdivide-se em duas partes, de 1 a 14 e de 15 a 46. A primeira é um período, e a segunda consiste em um grupo de três frases e suas repetições com alterações de registro. Encontra-se na segunda parte eventual destaque a dó menor (14-16, 21-28).

Usa-se o motivo intrínseco de forma bastante evidente, em blocos densos de um compasso de duração, iniciados nos terceiros tempos. Existe a tendência ao movimento harmônico por terças descendentes, mas num nível mais local do que no primeiro movimento. A célula presente em cada bloco contém semicolcheia no final do compasso e colcheia pontuada no começo do seguinte, lembrando a estrutura celular do *Allegro*.[3] Sugere-a, além disso, formação que marca a conclusão das frases, caracterizada por colcheia-pausa-colcheia-pausa, abrangendo terceiros e primeiros tempos (6 e 7, 13 e 14, 29 e 30, 45 e

---

3 As alterações encontradas a partir do compasso 398 do primeiro movimento prenunciam a célula inicial do *scherzo*.

46). Evidentemente, gera-se desde o início a impressão de paródia do primeiro movimento. Mas, como na Nona, a paródia isoladamente não abarca as afinidades encontradas, verdadeiramente estruturais, que paralelamente estabelecem espécie de identidade comum.

Figura 52. Seção "A" (1-2).

A seção "B" é o trio (47-114), com sua parte principal (47-81) em si bemol menor e com uma retransição instável (81-114). Quatro frases são apresentadas na parte principal, as primeiras duas partindo de si bemol menor e chegando à relativa ré bemol maior, e as restantes fazendo o inverso, ou seja, partindo de ré bemol maior e chegando a si bemol menor. Com essa relação, si bemol-ré bemol-ré bemol-si bemol, faz-se uma expressão macroscópica do motivo intrínseco. A citada formação colcheia-pausa-colcheia-pausa assume aqui, em oposição a "A", função introdutória, aparecendo nos inícios de frases (46 e 47, 54 e 55, 62 e 63, 71 e 72).

Figura 53. Seção "B" (46-54).

Entre a primeira e a segunda frases, há troca de posição entre melodia e acompanhamento, o que também ocorre entre a terceira e a quarta. A melodia é bastante simples, fazendo-se sobre tríades de si bemol menor e ré bemol maior, contendo nos inícios de suas frases o motivo intrínseco disfarçado. O acompanhamento consiste em tríades arpejadas em tercinas de colcheias, perfazendo cânone oculto quando acima da melodia (com defasagem de um compasso em relação a esta). Auditivamente, a primeira parte de "B" apresenta simplicidade desconcertante, sendo surpreendente a identificação de tantas relações encobertas nela. Novamente, a obviedade na fase tardia de Beethoven mostra-se, no mínimo, suspeita.

Do nada, a fórmula de compasso muda para 2/4, o andamento para *Presto*, e um enigma do grotesco beethoveniano dá-se entre 81 e 114 – retransição. Uma simples frase em oitavas (81-89, com pausas intercaladas, *piano*) tem sua resposta na dominante menor com estruturação sensivelmente diferente (há alternância entre linha do baixo e acordes, *crescendo*). Essa resposta (89-97) desemboca numa reconstrução extremamente violenta da frase inicial (97-105, com oitavas quebradas na mão esquerda e acordes na direita, *fortissimo*), acompanhada pela repetição alterada de seus últimos dois compassos (105-107).

Figura 54. Primeira frase da retransição (81-88).

Há pelo menos dois pontos de partida para explicar-se a extravagância dessa retransição, desafio ao ouvinte e ao leitor da partitura. Esquecendo-se por um momento o intervalo de terça no motivo intrínseco, analisando-se apenas sua movimentação relativa, chega-se a um padrão intrínseco, definido por subida e descida melódica: nesse aspecto, as três frases já comentadas da retransição relacionam-se ao subtematismo da obra, como comprovam seus inícios. Além disso, em segundo lugar, as colcheias intercaladas por pausas revigoram a formação (colcheia-pausa-colcheia-pausa) que em "A" caracteriza os fins de frase e que na primeira parte de "B" marca os inícios. Ela ocupa dois tempos dos três que compõem o compasso no *Assai vivace* inicial, mas no *Presto* passa a abranger o compasso inteiro. Indica-se, com isso, um nível interiorizado de condensação – métrico –, diferente do encontrado habitualmente no classicismo.

A partir do 106, seis compassos apresentam descida melódica intensa e direta, em fá maior, num padrão híbrido de arpejos e intervalos harmônicos (terça e quinta estão juntas, mas a fundamental está isolada, aparecendo um tempo depois). Ao atingir-se a região grave do piano, chega-se também a um compasso de tempo livre (112), começando e terminando com fermatas – mais um golpe na estrutura do compasso. Entre as fermatas, dá-se ascensão em *Prestissimo* pelo teclado, em escalas de fá maior com colcheias normais e tercinas. Olhando-se todo o segmento compreendido entre o 106 e o 112, verifica-se que ocorre a inversão do padrão intrínseco.

Uma das funções primordiais de uma retransição – cancelar o comportamento da seção contrastante – dificilmente seria alcançada com maior êxito. Entretanto, ainda faltaria o restabelecimento de "A". Beethoven resolve isso com o momento mais grotesco de toda a *Hammerklavier*, proporcionado por um bloco ruidoso deslocado no compasso que, simplesmente por se amoldar à dominante com nona, ao 3/4 e ao *Tempo I*, evoca a seção. Nele, não há melodia, tampouco ritmo propriamente (pois as semicolcheias mais refletem a frequência do *tremolo*, mascarada pelo pedal de sustentação). Qualquer coisa que Beethoven usasse para preencher esses três tempos teria funcionado; é essa pelo menos a *falsa* impressão que dá com essa estrutura absolutamente áspera, crua – violência contra o fruidor.

Um bloco de pausa, também deslocado, é a deixa para a volta de "A". A seção muda muito pouco, há apenas pequenas alterações de registro e eventuais oitavas arpejadas no acompanhamento, vindas da retransição.

A oposição entre si bemol e si é argumento da *coda* (161-175). Com repetições da formação colcheia-pausa-colcheia-pausa, si bemol e si bequadro alternadamente aparecem em oitavas, si bemol com tessitura mais ampla e *forte*, si bequadro com constituição mais reduzida e *piano*. Entretanto, no 163, em meio a um *diminuendo*, substitui-se si bemol por lá sustenido, limitando-se sua textura original. Em seguida, a apresentação do bloco característico de "A", em ré maior (insinuando acorde aumentado com lá sustenido anterior), *un poco ritardando*, favorece ainda mais si bequadro, que se repete.

A armadura de clave muda, e si bequadro transforma-se em si natural, também mudando o compasso (2/2) e o andamento (*Presto*). Si natural tem sua tessitura expandida durante repetições de semínimas com *crescendo*, mas repentinamente perde lugar para si bemol, que mostra pela última vez as colcheias separadas por pausas (171 e 172). Tempo, tonalidade e compasso iniciais são recuperados (172), e três apresentações finais do bloco deslocado ocorrem, uma oitava acima da anterior. Pelo cruzamento de vozes, o movimento termina em si bemol maior com sonoridade de segunda inversão.

Terceiro movimento

Verifica-se, no início do terceiro movimento – o mais longo dos quatro –, o compasso que Beethoven acrescentou posteriormente, que forma com o seguinte o motivo intrínseco, estabelecendo-se ao mesmo tempo um eco do *scherzo*. O *Adagio sostenuto appassionato e con molto sentimento* é em forma-sonata, porém com traços de tema e variações. Sua tonalidade, fá sustenido menor, associada aos outros movimentos, todos em si bemol maior, estabelece mais uma referência ao motivo intrínseco. As indicações expressivas são mais numerosas do que normalmente se poderia esperar em Beethoven, encontrando-se também o uso marcante e estrutural do pedal *una corda*, nem tanto um auxiliar de dinâmica quanto um agente tímbrico. As relações entre células ou entre motivos fazem-se de forma menos intensa do que nos movimentos anteriores, mas a notável complexidade fraseológica parece contrabalançar esse fato, como no terceiro movimento da Nona.

O primeiro tema (2-27, todo *una corda*) tem fraseologia que, apesar de periódica, estimula o fluxo para a frente, criando fragmentos de extensão do período inicial (2-10, com antecedente e consequente consideravelmente divergentes) entre 10 e 14 e entre 18 e 22. Devem ser notadas as terças descendentes no 2, relacionadas ao pensamento harmônico do primeiro movimento e ao motivo intrínseco, aproveitadas posteriormente no desenvolvimento. Um segundo período vem após a primeira área de fragmentos extensivos do primeiro período, porém com antecedente (14-18) e consequente (22-27) separados justamente pela segunda área. Isso permite que o consequente do novo período tenha construção mais rica do que a do antecedente. Contudo, ambos passam inesperadamente por sol maior (14, 22), espécie de clareira do segundo grau rebaixado em razão da textura empregada, do acorde precedente (diminuto sobre o quarto grau elevado do segundo grau rebaixado) e da harmonia maior como escape da menor.

Figura 55. Início do terceiro movimento (1-4).

A transição ocorre em duas etapas, cada uma preparando o segundo grupo temático[4] à sua maneira. A sonoridade muda já de início, com o cancelamento do pedal *una corda*. A primeira etapa (27-39), que chega mesmo a se parecer com um tema, realiza em seu fim o movimento harmônico para ré maior. Há expressiva figuração na mão esquerda que oscila entre notas e acordes, com pausas intercaladas (sugerindo com isso o *scherzo*), figuração que também estabelece movimento e traça o padrão intrínseco. A lírica linha superior dialoga com uma voz intermediária sincopada, às vezes englobando (31). A segunda etapa da transição (39-45) estabelece as transformações motívicas e de textura, portando-se como introdução do que lhe sucede. Inicialmente, sobre um pedal de dominante, são traçadas linhas imitativas que obscurecem a harmonia no

---

4 Cf. nota 53 do capítulo anterior.

nível local, havendo a seguir a libertação cromática da linha do baixo (41) e uma ampliação de tessitura. Constatam-se apenas linhas tortuosas de oitavas no fim (44), originadas da própria construção melódica.

Surge então o segundo grupo temático (45-69), composto de quatro partes, com semicolcheias constantemente ao fundo, em ré maior. Sua primeira parte (45-53) apresenta melodia nas partes baixa e alta do registro, com acompanhamento de semicolcheias que ressalta a sensível do quinto grau. Há intensificação a partir do 49, com a entrada de quiálteras. A segunda parte (53-57) é mais um elemento temático do que um tema propriamente, com progressão ascendente a quatro vozes (quebrada no fim do trecho, 56). Suas vozes intermediárias assumem movimentação intensa e mantêm, geralmente, movimento contrário. A terceira parte (57-63), composta de duas frases de três compassos, restabelece o *una corda* e ao mesmo tempo reintroduz em alguns compassos (57, 61) a estrutura homofônica que, em parte, caracteriza o primeiro tema do movimento. Apesar de às vezes apresentar fusas, cancela a movimentação que a segunda promove. A quarta parte (63-69) aproxima-se ainda mais do tema inicial do movimento, tendo caráter conclusivo e reforçando estabilidade harmônica. Mesmo na sua predominante homofonia, encontra-se troca de material entre 64 e 66, sugerindo-se de relance um duplo contraponto. A presença de colcheias seguidas de semínimas traça ligação com a célula rítmica característica do primeiro movimento.

Figura 56. Início do segundo grupo temático (45-47).

O desenvolvimento é pequeno, divide-se em duas partes (69-77, 77-88). Na primeira, há duas frases de quatro compassos, baseadas no primeiro tema do movimento, com duplo contraponto que sofre permuta. A harmonia inicia-se em ré maior e encaminha-se para mi bemol maior,[5] mediante acordes intermediários ou pivôs e enarmonia. A segunda parte, opondo *una corda* a *tutte le corde*, estabelece movimentação não só por pivôs e enarmonia, mas também por transformação de acordes menores em maiores com função de dominante (80, 83). Tal movimentação é associada a um padrão de três notas com terças descendentes (manifestação local do plano harmônico encontrado no primeiro movimento, relacionada também ao motivo intrínseco da obra). É notável como Beethoven o separa da fraseologia e da métrica, fazendo dele uma camada paralela. Disfarçada por enarmonia e mudanças de modo, a harmonia da segunda parte passa repetidamente por ré sustenido, sol sustenido, dó sustenido e fá sustenido. Os compassos 85, 86 e 87, cada um com determinação expressiva diferente (*diminuendo, smorzando* e *pianissimo espressivo crescendo*), preparam a reexposição. O último deles já introduz a textura seguinte e requer gradativa suspensão do *una corda*, explorando potenciais tímbricos intermediários do pedal.

O hibridismo relacionado a tema e variações faz-se notar na reexposição: o tema inicial do movimento (88-113) mantém-se num esqueleto por trás de estruturação inteiramente nova. A melodia original está implícita nas notas inferiores da estrutura em fusas (mão direita). O processo encontra analogia no movimento equivalente da Nona, mas aqui a segregação no plano do registro (notas superiores e inferiores das fusas) é particular. Há relativa volta da concepção original a partir do compasso 104, ponto em que começa a segunda área de fragmentos extensivos do primeiro período.

A variação obscurece a reexposição. Após instaurar-se com considerável solidez, é inesperado que cesse a partir do 104, não chegando ao fim do tema. Seu término é súbito, mas sua inserção, ao contrário, parece derivar-se do adensamento no segundo grupo temático e no desenvolvimento. De certa forma, Beethoven infla o tema, fazendo-o sair de si, mas abruptamente o traz de volta, antes

---

5 Sua tônica só aparece na segunda parte do desenvolvimento, mas sua dominante já se estabelece no 76.

do fim. O processo envolve tanto a transcendência quanto a fuga do *self* (as bases da variação são estranhas ao movimento). Posteriormente, há ainda amplo *ritardando*, que ocorre entre 107 e 113: após recuperar em certa medida o caráter original, o primeiro tema novamente o perde, diluindo-se em direção a uma pausa.

A transição (113-130) tem seu plano harmônico original alterado. Se na exposição ela parte de fá sustenido menor e chega a ré maior, na reexposição parte de ré maior e chega a fá sustenido maior. Assim, os dois planos, agrupados, demonstram outra sugestão do motivo intrínseco. As maiores divergências encontram-se nas primeiras etapas: é exemplo a substituição de três compassos – 36, 37 e 38 – por apenas dois – 122 e 123.

A reexposição do segundo grupo temático (130-154) é feita com alterações apenas secundárias em relação à exposição (além da transposição). No 153, a dominante é resolvida em vez de prosseguir. Entretanto, no mesmo compasso é preparada a mudança para ré maior, ponto de início da *coda* (154-187).

A princípio (154-158), a *coda* lembra o começo do desenvolvimento. Contudo, o primeiro tema do segundo grupo temático retorna (158-166) já na sua fase intensificada, e em sol maior. Um processo de tensão crescente que passa pela tonalidade negra (163, 164) culmina no 165, clímax do movimento, com a volta das fusas, num acorde diminuto. Há repetições de notas no registro superior e acompanhamento repetitivo com alternância de oitavas, que se torna ainda mais denso na segunda metade do compasso com as quiálteras. Como o fim da op.109, o trecho é exemplo de sublime do horror intimamente ligado à textura, e somente após a dissipação das perturbações a música pode prosseguir, retornando às suas origens. O retorno ocorre com o primeiro tema do movimento, numa espécie de síntese de suas ideias (166-174). Sua textura lembra a da exposição, mas, como na reexposição, ele é marcado por longo *ritardando* de dissolução (168-174). Em vez de caminhar para o silêncio, desta vez dá lugar a uma paráfrase da primeira etapa da transição (174-178). Após isso, a música torna-se impessoal, restando acordes de fá sustenido maior na linha superior e *tremolo* na inferior (178-181). Entretanto, uma breve afirmação temática final do primeiro tema ainda é feita, chegando a acordes de sétimo grau, última tensão apresentada (181-187). Acordes de fá sustenido maior terminam o movimento (184-187), e a linha superior estabelece o padrão intrínseco com as trocas de posição (184, 185 e 186).

Quarto movimento

Há sugestão implícita de *attacca* (*tutte le corde* nas pausas finais do terceiro movimento), embora Brendel tenha bom argumento ao dizer que a plateia precisa respirar (op. cit., p.84). A fuga gigantesca que define o corpo principal do *finale* – "fuga a três vozes com alguma liberdade" (como se lê na partitura) – demonstra fluxo para a frente quase incessante, não fosse uma quebra na qual se insere uma breve fuga secundária. Wilhelm Kempff (1895-1991), num dos raros registros da *Hammerklavier* em vídeo, chama este movimento de *Arte da fuga* para piano solo (in: Beethoven, 2001).

As estruturas da fuga são coesas e complementares, em diversos pontos com construções intercaladas. Ao mesmo tempo, percebe-se diálogo envolvendo forma-sonata e tema e variações. A movimentação incessante é, na maior parte do tempo, extática e encantatória, na dimensão da continuidade temporal com objetos e significantes a se cristalizarem e a se sobressaírem excessivamente, por definição, como diz Weiskel (op. cit., p.49-50), um sublime positivo, metonímico.[6] Como no primeiro movimento da Nona, a impressão de que a música se forma do próprio sistema tonal é evidente, aqui pela força incontrolável de um contraponto que quebra a harmonia,

---

6 Nesse exemplo específico do sublime, pode-se entender seu aspecto positivo por meio do relevo dos detalhes e seu aspecto metonímico (pensando-se na propriedade característica da metonímia de fazer com que se tome a parte pelo todo) por meio da distinção dos mesmos a ponto de nem sempre se estar certo se são, de fato, detalhes (parte) ou elementos estruturais, elementos globais (todo).

e por um pensamento condutor que faz mesmo da enarmonia – num instrumento em que ela poderia ser apenas elucubração – uma entidade concreta.

Antes da fuga, entretanto, há uma introdução com estrutura consideravelmente semelhante à dos primeiros 91 compassos do *finale* da sinfonia *Coral*. Apesar de ter formação interna bem delimitada, parece formalmente livre a ponto de já ter sido chamada de "improvisatória" por Rosen (op. cit., p.427). Como a introdução do último movimento da Nona, a do *finale* da *Hammerklavier* estabelece o esquema "A-B-A-C-A-D-A-Conclusão (A)". Aqui se notam, entretanto, introversão e esoterismo não encontrados na sinfonia: não há recapitulações de outros movimentos nas estáveis seções "B" (da segunda fermata do compasso 1 ao 2), "C" (*Un poco più vivace*, 2) e "D" (3 a 8). Nelas se verifica imitação contrapontística forjada sobre figuras rítmicas aparentadas e acéfalas, preparando a fuga. As seções "A" são todas instáveis harmonicamente. Dois elementos podem participar de suas estruturações, fusas em tercinas e alternância (com síncopas) entre acordes (na parte superior) e oitavas (na inferior). Apenas a primeira (1, até a segunda fermata) e a quarta "A" (do 8 à fermata do 10) – primeira e sétima partes da introdução – apresentam o primeiro elemento, sendo que na quarta ele aparece após o segundo. Nessa específica parte, ocorre também importante antecipação do tema da fuga pelo surgimento de trinados. A conclusão (10, após fermata), vindo em seguida, apresenta intensificação, sublimação e dissolução do segundo elemento de "A", fazendo da chegada da fuga não uma imposição, mas um resultado.

De fato, explica-se certa aparência improvisatória na medida em que o tema da fuga (que dura seis compassos) parece provir do percurso incerto da introdução, especialmente pela importância do intervalo de terça: as terças descendentes compõem plano harmônico praticamente inquebrantável nesse prólogo e marcam também o tema principal do movimento. A incerteza que antecede a fuga, por contraste ajudando a fazer dela gesto decidido, deve-se à falta de um certo rosto temático, a compassos de estrutura livre subdivididos em grupos de semicolcheias (em geral quatro), a indicações de *accelerando* e *ritardando* e a andamentos contrastantes: *Largo* ("A" e "B"), *Un poco più vivace* ("C"), *Allegro* ("D") e *Prestissimo* (conclusão).

A fuga, *Allegro risoluto*, começa com compassos preparatórios que reforçam a ideia de formação do tema (11-16). Neles, ele se materializa, com trinados, movimento escalar e saltos ascendentes. Vêm em seguida sujeito, resposta tonal e reaparição daquele (16-42). Apresentam-se dois contratemas, com o tema ocorrendo pela primeira vez na voz intermediária (o primeiro entre 27 e 32, o segundo entre 36 e 41).

Figura 57. Sujeito da fuga (16-21).

Uma sucessão de trinados, num episódio que mantém relativamente o perfil da exposição (42-52), revela a característica função sinalizadora deles, permitindo que o tema seja identificado mesmo em momentos de menor clareza contrapontística. Sujeito e resposta ganham alusões, depois, com transposição e deslocamento no compasso (da anacruse do 52 ao terceiro tempo do 57 e do segundo tempo do 65 ao segundo do 72), havendo um segundo episódio intercalado entre elas (do terceiro tempo do 57 ao segundo do 66, formando-se elisão com a pseudorresposta).

Perde-se a conjuntura caracterizante do tema (notada na exposição), o que se deve ao deslocamento no compasso, à mudança de tonalidade (alusões ao sujeito em ré bemol maior e à resposta em lá bemol maior) e, no caso do pseudossujeito (alusão ao sujeito), à ausência dos contratemas. A organização do movimento sujeita a intercalações fica clara: a relação complementar entre pseudossujeito e pseudorresposta é encoberta pelo segundo episódio, com características de *stretto* e com troca de material entre as vozes. Tal relação só é constatada numa abordagem macroscópica, permitindo que se veja envolvendo o episódio um conjunto unificado que ele mesmo secciona. Beethoven, mais uma vez, obriga o ouvinte a contemplar o global, como no caso do *análogo a antecedente* e do *análogo a consequente* no terceiro movimento da Nona.

Após a pseudorresposta, mais dois episódios seguem-se. O primeiro deles (do segundo tempo do 72 ao 85) é marcado por graus conjuntos num ambiente definido por semicolcheias e colcheias, estas frequentemente em sextas ou terças, com *sforzato* a cada início de grupo. A ideia adorniana do *sforzato* como existência estranha ao *self* é reforçada pelo sistemático deslocamento métrico, que sugere transfiguração. Presencia-se subsequente diminuição de fluxo com a entrada de pesados trinados na parte inferior (80, 82). Ela prenuncia mudanças durante o veloz deslocamento da fuga, e o episódio seguinte (85-94) confirma-as. Começando em sol bemol maior, ele apresenta nova figuração motívica, quase podendo ser comparado a um segundo tema de forma-sonata, exemplificando hibridismo. A nova figuração remete-se às estruturas acéfalas de "B", "C" e "D" da introdução. A fuga finalmente se perde de seu próprio tema.

Um tratamento por aumentação (94-130) gera automaticamente variação métrica no compasso 3/4. O tema, transfigurado, é apresentado em mi bemol menor, com reforço à sexta ou à terça. Uma terceira voz encarrega-se de sugerir primeiro e segundo contratemas, separando-os no registro. Em profusão, *sforzati* aumentam a aspereza do trecho, intensificada num *stretto* (iniciado no terceiro tempo do 110). Um passo ainda além é sentido (a partir do terceiro tempo do 116), quando apenas a cabeça do tema (marcada pelo salto e pelo trinado) gera as imitações estreitadas. O sublime, em sua manifestação assustadora, mais uma vez retorna, nem tanto pela dinâmica em si (Beethoven nem indica *fortissimo*) quanto pelos saltos e pelos trinados. Como habitual nos horrores beethovenianos de textura, esta não é sobrepujada por qualquer outro elemento: simplesmente se afasta, no caso por meio de quatro compassos de *diminuendo* (126-130).

A nova figuração motívica é reapresentada no quinto episódio (130-153), inicialmente em lá bemol maior, com posterior direcionamento para a tonalidade negra, si menor. Esta prevalece no trecho seguinte, em que o tema é mais alvo do que centro. Ele é retrogradado e praticamente transformado em contratema, servindo de fundo para novo elemento, este, sim, o verdadeiro contratema – o terceiro –, estruturado sobre notas de maior valor, *cantabile*. O trecho é na verdade uma *antiexposição* (153-175), em que a tonalidade simbolicamente contrária à da obra, a retrogradação e a perda da força temática se inserem. Em vez de reforçar-se a relação tônica-dominante que sujeitos e respostas mantêm entre si, estabelece-se uma relação por terças entre si menor (primeira e terceira entradas) e ré maior (segunda). O caminho si-ré-si sugere o motivo intrínseco da *Hammerklavier*.

No sexto episódio (175-196), os recursos de retrogradação do tema original são reaproveitados, e os de inversão (retrogradada ou não) juntam-se a eles. Beethoven traça um diálogo entre as metades dos compassos, voltando a enfocar o tema, mas de um novo modo: ele agora é elemento de instabilidade. Seu uso incessante e em *stretto* gera "ondas" melódicas, ora ascendentes, ora descendentes, com intensidade crescente.

O *fortissimo* e as vozes superiores ritmicamente complementares marcam a apresentação do tema no baixo (196-201), com perfil melódico que sugere resposta, mas em ré maior e numa região grave que já compromete a clareza. O tema está menor e alterado, gerando duas progressões ascendentes (200-204, 204-209), a primeira tendo um compasso em comum com ele, a segunda deixando de ascender no último compasso. Por mais de cem compassos, evita-se o tema numa configuração mais característica, mas sua reaparição na região grave é enfática.

Também com um compasso em comum com a parte anterior (elisões do tipo contribuem para a coesão do movimento), o tema invertido é apresentado em *fortissimo* (a partir do 208), acompanhado pelos contratemas (o primeiro e o segundo apenas, pois o terceiro desaparece) também invertidos. Sendo, por um lado, a apresentação temática anterior alusiva à resposta e em ré maior e, por outro, sendo esta alusiva ao sujeito e em sol maior, faz-se um polo expositivo, semelhante àquele posterior ao primeiro episódio (da anacruse do

52 ao segundo tempo do 72). O polo é ainda reforçado por haver, a seguir, mais uma formação temática em ré maior (a partir do segundo tempo do 216), que sugere resposta invertida e deslocada no compasso, com os contratemas variados.

O padrão de um compasso do sétimo episódio (223-229) aparece seis vezes, em dois grupos de três compassos. A movimentação harmonicamente irregular prepara indiretamente mi bemol maior no último compasso, ponto de partida para a próxima apresentação temática em *fortissimo*, invertida, no baixo (229-235). Esta lembra a estrutura intervalar do sujeito; as outras vozes que a acompanham, em alguns momentos complementares entre si (233 e 234), aludem à nova figuração motívica, à estrutura de "C" e ao próprio tema.

Um novo episódio, o oitavo (235-250), dá continuidade à ampla sonoridade que a música adquire. A princípio, ele confronta movimento escalar em semicolcheias com cabeças do sujeito (235-239). Depois, com quase o mesmo material, mas sugerindo mais de uma vez o padrão intrínseco, as três vozes aparecem simultaneamente (239-243), duas delas fazendo referência à cabeça do sujeito (com ou sem trinado), e a outra continuando com as semicolcheias. Uma condensação já em estado avançado é apresentada subitamente (243-246), fazendo dos saltos meio de ascensão. Como há uso de inversão, a condensação também sugere, diversas vezes, o padrão intrínseco. Em ré menor, um cadencial $\frac{6}{4}$ vem em seguida (246-248), não se resolvendo na tônica. O *fortissimo* apresenta-se ininterruptamente desde o 208, e a pausa (249) que o separa do que vem a seguir somente realça a intensidade do discurso.

O caráter do movimento muda radicalmente, e em ré maior se inicia uma *fuga dentro da fuga* (250-279), toda em *una corda*. Seu solene e impessoal tema, feito apenas de semínimas, remete-se às três primeiras semicolcheias descendentes e em grau conjunto do tema principal. Somando-as à retrogradação (ou à inversão transposta) delas próprias e então as alargando, vê-se perfeitamente a estrutura desse novo tema, cuja descida e cuja subida sugerem inversamente o padrão intrínseco. A nova fuga dispõe de exposição (250-259) e divertimento (259-279), apresentando mesmo contratema próprio (voz superior, 252 e 253). O choque que promove é tão grande que até a noção de compasso é afetada, apesar de o 3/4 continuar: as três batidas parecem tornar-se uma única, composta.

Figura 58. *Fuga dentro da fuga* (250-256).

A partir do 279, o regresso do tema principal transforma o aparente novo tema em um quarto contratema. Essa mudança retroativa, a volta da anterior constituição do 3/4 e até a restauração de *tutte le corde* são desnorteantes. Si bemol maior estabelece-se de forma definitiva: apenas perturbações locais são notadas do 279 em diante.

O sublime é aqui, em contraste com o que predomina no movimento, negativo, metafórico (Weiskel, op. cit., p.48-51). Dá-se pela interrupção de significado por meio de um significante abundante, cuja riqueza está exatamente na ausência ou na fraqueza de relação com o momento anterior.[7] Como demonstra Weiskel, a interrupção ou constitui em si um significado ou então é substituída por outro (ibid., p.48). Contudo, no processo em questão, há de alguma forma as duas coisas, pois o significado da interrupção *em si* é sentido durante a abaladora *fuga dentro da fuga*, mas quando o novo tema se torna, ou na verdade se revela, quarto contratema (com o retorno do tema principal), a *substituição* assume o processo. O choque da verdadeira identidade do novo tema é, entretanto, irônico: em algum

---

7 O aspecto negativo do sublime exemplifica-se aqui pela quebra ou pela debilidade da relação com o fluxo anterior; paralelamente, o aspecto metafórico sugere-se pela presença de um símbolo substituto na representação de outro, pela transferência de um significante para um âmbito não designado por ele: uma nova fuga forçosamente representando a continuidade de outra fuga.

ponto do 279, ou talvez do 280, nota-se um efeito semelhante ao causado pela já mencionada figura de Boring.

As combinações entre tema e quarto contratema (do 279 ao último tempo do 294) revelam alterações harmônicas passageiras. O contratema primeiro aparece nas vozes superiores, com a música crescendo do *pianissimo* ao *forte* (*ben marcato*). Então, apresenta-se na inferior com reforço à oitava, enquanto as entradas das semicolcheias do tema principal nas outras vozes são marcadas por *sforzato*. A movimentação ascendente surgida no baixo (a partir do 287) indica intensificação. Atingida a próxima etapa, o quarto contratema não reaparece mais.

Um *stretto* surge entre o segundo tempo do 294 e o 308, primeiro opondo a resposta invertida (inicialmente real) à original (tonal), depois o sujeito invertido ao original. O movimento contrário é enfatizado com a ajuda de *sforzati*, o que destaca o perfil anguloso do tema (justificado no movimento serrilhado de suas linhas de graus conjuntos). O trecho é seguido pelo nono episódio (que lembra o sétimo), formado por dois grupos de três compassos e um de quatro, do 308 ao 318. Eles acomodam mais ou menos os mesmos materiais, mas com disposições diferentes. Há progressão que se movimenta a cada compasso, no primeiro e no terceiro grupos ascendendo, no segundo descendendo.

Tem lugar, então, um pedal de dominante (318-322), com *forte* e *piano* contrastando. Uma quarta voz faz com que a formação intermediária de semicolcheias tenha textura de sextas, no 318 e no 320. De forma explícita, portanto, linha melódica e textura confundem-se. O episódio seguinte (322-333), o décimo, é diretamente derivado do contexto do pedal, tendo frase de dois compassos reformulada, condensada e liquidada. Grupos de seis colcheias lembram as semicolcheias iniciais do tema, como se percebe no 325, no 326, no 327 e no 328. Formações harmônicas muito incomuns na liquidação são si bemol com terça e quinta aumentadas (segundo tempo do 332) e ré sustenido menor com oitava mais-que-diminuta (terceiro tempo).

O tema ameaça voltar no 333, parecendo estar em todas as vozes. A partir do 334, especificamente a intermediária o assume, como resposta. O baixo ausenta-se temporariamente, e a superior alude aos dois contratemas iniciais a partir do 335, separando-os no registro. Há seis compassos extensivos (339-345), no último deles se firmando textura de terças compostas (inevitável alusão ao salto inicial do tema), melodicamente se reduzindo tons a semitons. Essa deformidade precede outra, em parte reveladora: o décimo primeiro episódio (345-360) inicia-se com um trinado normal e outro alargado. O alargado, escrito com notas reais, inclusive com arremate, faz-se em semicolcheias, demonstrando parentesco melódico com certas estruturas que também fazem uso delas, como as do quinto e do sexto compassos do tema. O subtematismo insere-se mesmo num elemento pré-fabricado.

Caracterizam esse episódio apresentações incompletas do tema (com ou sem inversão), acompanhadas por fragmentos do primeiro contratema. Alterações melódicas notáveis ocorrem a partir do 353, tendendo a aumentar o movimento descendente, quase o transformando em, puramente, escalas. Com isso, em seu início, a última apresentação do tema (359-367), na qual ele se mantém mais alto no registro do que nunca, é enriquecida por forte descida no baixo, que atinge num só golpe o mesmo si bemol que abre a obra. A estrutura temática, apesar de se fazer em si bemol maior, alude à resposta, insinuando a subdominante, marca da *coda*.

A fuga, num sentido estrito, acaba no fim do 366. Entretanto, o hibridismo envolvendo as estruturas clássicas torna a questão mais complexa. Afinal, a *coda* (367-400) dialoga diretamente com etapas anteriores, fazendo, por exemplo, com que o pedal firmado entre o 318 e o 322 se torne secundário.

Ela inicia-se com imitações da cabeça do tema, original e invertida, em todas as vozes. Nesse contexto, reside a estranha resolução de fá sustenido em sol bemol (367 e 368). Pode-se constatar diferença entre essas notas nesse exemplo específico, em razão do contexto harmônico: fá sustenido é elemento dissonante na harmonia a que pertence (quinta aumentada de um acorde de si bemol, dominante alterada da subdominante), enquanto sol bemol, ao contrário, é consonante (terça de mi bemol, subdominante menor). De certa forma, homonímia homófona[8] e paronomásia[9] encontram aqui analogia.

Após as imitações da cabeça do tema, há pedais sucessivos (do segundo tempo do 369 ao 381). Primeiro, ocorre pedal de mi bemol que se faz ornamentado (trinado), com arpejos na parte superior traçando lá diminuto com sétima. Depois, vem pedal duplo composto de si bemol ornamentado e fá (esta nota abaixo daquela, insinuando-se segunda inversão da dominante da subdominante menor), com inesperada adição de vozes superiores, que esboçam fragmentos temáticos. Um *ritardando* a partir do 378 sugere dissolução, e então um novo andamento é brevemente apresentado, *Poco Adagio* (do 381 à metade do 384), permitindo que quatro ou mais vozes aludam à cabeça do tema e insinuem si bemol menor. Reafirmam-se, depois, si bemol maior (indiretamente a princípio) e o andamento normal da fuga, bem como a tendência sugerida entre o 354 e o 360 – a formação de escalas descendentes a partir das semicolcheias temáticas. As escalas conduzem à sucessão final, cadencial, baseada na cabeça do tema e em seu trinado.

---

8 Serve de base aqui o conceito gramatical de homófono, homônimo referente a vocábulos ou palavras de mesma pronúncia, mas com escrita, origem e sentido diferentes. Exemplo: "esotérico" e "exotérico".

9 O emprego no discurso de palavras semelhantes ou idênticas na sonoridade, mas divergentes no significado, conhecido como paronomásia (figura de som), está em plena afinidade com o fenômeno aqui encontrado.

4
Duplos

"A Nona sinfonia não é uma obra tardia, mas uma reconstrução do Beethoven *clássico*", alega Adorno (op. cit., p.97). Pensando nos seus últimos quartetos de cordas e nas suas últimas sonatas para piano, ele afirma que, em comparação a essas composições, "a Nona volta-se para trás, obtém seu porte do tipo de sinfonia clássica do período médio e nega o ingresso das tendências de dissociação do estilo tardio" (ibid., p.118). Não parece considerar as afinidades entre ela e a sonata *Hammerklavier*.

Maynard Solomon sintoniza-se com essas considerações. Apesar de atribuir uma "orientação futurista" à sinfonia, identifica nela ao mesmo tempo um olhar para o passado, supostamente "para o classicismo" (1988, p.22) e para regressivos aspectos musicais. Em sua biografia sobre o compositor, afirma que a obra "promana de um impulso retrospectivo" e que "nela Beethoven retornou sem restrições ao estilo *heroico* que ele tinha efetivamente completado por volta de 1812-14" (1987, p.414).

O primeiro aspecto a discutir nessa linha de pensamento é a suposição de que em algum momento Beethoven tenha efetivamente abandonado o classicismo e suas bases.

Em seu livro sobre o estilo clássico, Rosen não acidentalmente trataria da *Hammerklavier*, representante inquestionável da fase tardia beethoveniana, nela vendo severidade formal – naturalmente próxima da Nona – absolutamente relacionada à liberdade dos últimos quartetos: o ponto em comum seria a "extrema concentração de material" (op. cit., p.405). Jamais colocaria em dúvida a estruturação clássica no período tardio, mesmo que em obras como a sonata para piano op.101 (para citar apenas um exemplo) ela fosse menos evidente num plano tão relevante quanto o formal. Veria nos últimos anos de Beethoven, ao contrário, êxito final na apropriação da fuga e do tema e variações barrocos pelo classicismo (ibid., p.435), afirmando que o compositor separar-se-ia de outros do período pela "sua recusa à alteração de aspectos fundamentais da linguagem estilística que aprendera quando criança" (ibid., p.484), o que não o impediria de expandir tal linguagem.

Assim, desse ponto de vista, Beethoven não se distancia do classicismo, a despeito dos resultados harmônicos, formais e mesmo expressivos de seu último período; a despeito também da pertinência inquestionável de sua figura no contexto da geração romântica seguinte, que tanto o admirou. Sobre essa pertinência, aliás, Rosen demonstra reservas num certo sentido incomuns. É fato que, não fazendo de Beethoven um romântico, identifique mesmo assim sua presença nas repetições temáticas românticas com inédito brilho (1995, p.462-3) e perceba "romantismo experimental" em obras como a citada op.101, as duas sonatas para violoncelo e piano op.102 (em dó maior e ré maior, 1815) e o ciclo de *Lieder* op.98, *Para a amada distante (An die ferne Geliebte*, 1816) (1997, p.402, 487). Entretanto, no romantismo Rosen enfatiza influências formadoras de J. S. Bach, Luigi Cherubini (1760-1842), Johann Nepomuk Hummel (1778-1837), Nicolò Paganini (1782-1840), John Field (1782-1837), Carl Maria von Weber (1786-1826), Rossini e Franz Schubert (1797-1828), maior tendência (do que no classicismo) ao uso de tonalidades secundárias com menor tensão tonal do que as primárias (ibid., p.383-5, 515-6) e pouca afinidade com os contrastes clássicos de ritmo e caráter (1995, p.701). Não se pode esquecer, entretanto, que nesse contexto ele desconsidera propositadamente Wagner e o maduro Liszt (ibid., p.IX-X).

O suposto enfraquecimento do estilo tardio simplesmente pela presença de elementos do *heroico* é outro aspecto passível de questionamento nas afirmações de Adorno e Solomon. Tal crítica à Nona não se mantém após a observação da *Hammerklavier*. Em ambas, o *heroico* não é mais estilo, mas temática expressiva. A evidência está na legítima presença nas obras das já expostas características mais fundamentais do estilo tardio.

Cercando o heroísmo pelo que haja de mais radical na fase tardia, a *Hammerklavier* indica que um suposto retrocesso heroico na Nona pode ser tão discutível quanto um retrocesso contrapontístico na op.133. A diferença fundamental entre a Nona e a *Hammerklavier* é, nesse aspecto, apenas que a sonata coloca o heroísmo beethoveniano em posição mais latente. Talvez seja razão para isso o fato de a op.106 ser composição de afirmação, se não de formação estilística. Já a sinfonia *Coral* nasce do amadurecimento do último estilo que a própria sonata ajuda a promover. Alusões à fase *heroica* mais ou menos notáveis nessas obras (o que difere da ideia já comentada de volta ao classicismo) não as tornam retrógradas, uma vez que a reciclagem decisivamente integra a fase tardia.

Não menos importante do que a *Hammerklavier* interferindo na maneira de contemplar a Nona sinfonia, justamente há o inverso: a Nona impondo uma reinterpretação da *Hammerklavier*. O caráter "sinfônico" desta é sem dúvida mais notável por haver, de fato, uma sinfonia que a ela se conecte. O pequeno *scherzo* da sonata demonstra afinidades e relações parodísticas com seu primeiro movimento que traçam não apenas prenúncio cronológico da sinfonia, mas também reencontro com ela, releitura. Há influência nos dois sentidos, no que segue a cronologia e no que a inverte. Assim, mesmo que a *Hammerklavier* tenha sido composta antes, é possivelmente mais fácil que se veja nela, por exemplo, a mesma ordem de movimentos da Nona do que o contrário.

Em virtude da Nona, a troca entre os movimentos intermediários deixa de ser apenas herança de obras de câmara de

Haydn[1] e Mozart[2] que ressoa em certas peças do próprio Beethoven.[3] A despeito dessas e da ordem histórica, tal prática ganha pertinência (relativamente perdida desde o final do século XVIII) após a sinfonia *Coral*. A razão é objetivamente simples: ela dá novo impulso ao procedimento, definitivamente garantindo à música orquestral não apenas tal inversão (que eventualmente ocorre antes[4]), mas, mais especificamente, a presença do *scherzo* em particular como segundo movimento, o que nenhum dos três compositores havia antes tentado numa sinfonia. Demonstra, assim, força polarizadora maior se comparada a obras anteriores, incluindo-se a *Hammerklavier*, fazendo com que se olhe, nesse aspecto, para o que vem antes e depois como sendo inevitavelmente conectado a ela. Automaticamente têm vínculo com a sinfonia *Coral* tanto a citada música anterior quanto, por exemplo, sinfonias posteriores como a n.2 op.61 em dó maior (1846) e a n.3 op.97 em mi bemol maior (*Renana*, 1850) de Robert Schumann (1810-1856).

A *Hammerklavier* é em parte esclarecida pela sinfonia *Coral* quanto à troca de movimentos. Há, em ambas, a demonstração de uma necessidade intrínseca de vizinhança entre *scherzo* e primeiro movimento, chegando-se à paródia (deste naquele) e, paralelamente, à ligação por sólidas afinidades entre eles. Que a troca ganhe relevo na *Hammerklavier* sob a luz da sinfonia é inegável, afinal a justificativa para o processo é mais evidente nesta – a imensa desproporção entre primeiro e segundo movimentos na sonata tende a obscurecer suas

---

1 São exemplos na obra de Haydn os quartetos op.64 n.1 e 4 (1790) e op.77 n.2 (1799). Isso se se pensar em obras posteriores a 1785, pois anteriormente o procedimento é mais comum.
2 Na obra de Mozart, devem citar-se os quartetos de cordas *Haydn* KV387 (1782), KV458 (1784) e KV464 (1785), bem como o quinteto de cordas KV516 (1787).
3 Por exemplo, sonata para piano op.26 (1801), quartetos op.18 n.5 (1800) e op.59 n.1 (1806).
4 Haydn faz uso da troca entre movimentos intermediários em algumas sinfonias, mas ainda com o minueto. São exemplos as sinfonias n.15 (1764), 32 (1766), 37 (1758), 44 (1772) e 68 (1779).

aproximações. Mesmo tendo sido criada depois, a Nona influencia a fruição da *Hammerklavier* a ponto de tornar-se, de certa forma, sua precursora. Isso, evidentemente, na inserção das obras no repertório e no vasto efeito dele na audição. Mas, no processo composicional de Beethoven, só se poderia reconhecer o quanto deve a Nona à *Hammerklavier*: a relação entre o primeiro e o segundo movimentos da sinfonia *Coral* é simplesmente ensaiada nela.

Por vias opostas, vê-se que as recapitulações de movimentos anteriores no *finale* da sinfonia tanto geram quanto adquirem desdobramentos de significação perante a abertura do *finale* da *Hammerklavier*. Em ambas as introduções, o pretérito está em jogo. Na sinfonia, o pretérito é, em princípio, o da própria obra. Na sonata, ele tem conotação histórica e estilística, referindo-se ao contraponto barroco (de Bach em especial) e ao repertório,[5] na iminência da fuga beethoveniana. Por um lado, o impulso de revigoramento da sonata (como forma de composição) no *finale* da op.106 acaba sendo grifado pelo último movimento da Nona, que altera para sempre a ideia de sinfonia. Por outro, as construções arcaizantes do início do quarto movimento da *Hammerklavier* desvelam o devir nas memórias dos três primeiros movimentos da Nona: estas representariam também o discurso da composição, sinfônica, e a iminência de sua transformação.

Surpreende a imensa capacidade de diálogo entre a op.125 e a op.106, que não empalidece pelo fato de ambas as obras pertencerem à fase tardia. Elas não carregam apenas um estilo comum, mas também intenções relativamente independentes deste que se refletem e se complementam. São exemplos, para citar aqueles que não pertençam necessariamente à última fase, a já citada temática heroica, a abordagem hipertrófica de princípios do classicismo e o pseudoformalismo.

---

5 Rosen afirma que a parte aqui chamada de "D" do *finale* da op.106 evoca o contraponto barroco (1997, p.428). Entretanto, "B" e "C", mantendo tantos pontos em comum com o segmento, também o fazem, embora de modo menos direto.

Esse último já se insinua no compasso 37 da *Hammerklavier*, em que se insere uma nova dominante absolutamente a seco (ré maior sucedendo a si bemol maior), sem qualquer preparação. Lembrando-se da importância da harmonia na determinação formal, deve-se perguntar: que formalismo tão pouco cerimonioso seria esse? Por sua vez, no 49 da Nona, com uma inesperada inserção de uma nova tônica (si bemol maior sucedendo a ré), também sem preparação, fica claro que algo não vai bem com o que, de outra forma, poderia ainda pertencer ao primeiro grupo temático. O 37 da *Hammerklavier* e o 49 da Nona são pontos *exatamente* equivalentes nas formas dos dois primeiros movimentos, penúltimos compassos das primeiras partes de cada transição que fazem com que se reavaliem as recentes e, numa primeira audição, enganosas repetições dos inícios das obras. O movimento abrupto de um desses compassos é, como um reflexo no espelho, a inversão do movimento do outro. O caso da *Hammerklavier*, entretanto, é mais brusco: o alvo tonal é mais afastado no campo harmônico.

Apontar formalismo nessas obras talvez reflita a perda do mais fundamental impulso irônico delas, e os quartos movimentos constituem as maiores provas de que as expectativas formais são nelas cultivadas para serem frequentemente sacudidas. Como já se discutiu anteriormente, os últimos movimentos clássicos podem naturalmente apresentar maior relaxamento estrutural; mas as camadas formais paralelas que coexistem tanto no *finale* da *Hammerklavier* quanto no da Nona vão além disso. A questão não envolve somente o inegável afrouxamento das estruturas, mas em especial a intensificação das ambiguidades a ponto de não ser mais possível ater-se a apenas um único tipo de construção. Dificuldades surgem ao se contemplar fuga que se aproxima de tema e variações e que tem quase um segundo grupo temático (*Hammerklavier*), bem como ao se contemplar tema e variações que se associa a rondó, rondó-sonata, forma-sonata, sua versão paralela de primeiro movimento de concerto e quatro movimentos sinfônicos fundidos (Nona).

Parece inegável a existência de fortes elementos de mutualidade – característica fundamental dos duplos – nessas composições. Pelo que já se demonstrou e pelo que ainda se pretende discutir, a sonata *Hammerklavier* e a Nona sinfonia mantêm entre si uma relação bastante incomum: uma aponta e revela, às vezes de forma incessante, traços da outra. A profusão de analogias e complementaridades mostra muito sobre cada uma; mostra até mesmo perfis não necessariamente típicos ou exclusivos do período tardio.

Segundo Bravo, apesar de o duplo ser figura imemorial e estar presente mesmo na literatura mais recente, ele tem "sua apoteose no século XIX, na esteira do movimento romântico" (1997, p.261). Sem a menor dúvida, o duplo ronda intensamente a literatura na época de Beethoven, e as primeiras décadas do século XIX, décadas da *Hammerklavier* e da Nona, apresentam exemplos difíceis de esgotar. Um desdobramento irônico poderia ser notado na duplicidade, possivelmente legitimando sua importância no momento das ironias românticas: ver-se no outro seria testemunhar, por suspensão da própria singularidade, outra ideia de si.

Os duplos, em sentido genérico, assumem combinações envolvendo dois extremos, o da semelhança e o da diferença. Aproveitando-se parcialmente a distinção proposta por Bravo (ibid., p.263-4), de um lado estão os duplos homogêneos, aqueles cuja semelhança pode tornar quase ou mesmo impossível a diferenciação, e do outro estão os heterogêneos, cuja relação complementar os faz indissociáveis, lados de uma mesma moeda, a despeito das diferenças extremas. É importante ter em mente que os critérios adotados para verificar semelhança ou diferença podem variar, não sendo ilícito reexaminar duplos então considerados homogêneos como heterogêneos ou vice-versa, principalmente porque uma relação de duplicidade pode carregar os dois aspectos, o da homogenia e o da heterogenia. E, no caso das obras em questão, ambos são encontrados sem dúvida. Em parte pela relatividade dessa divisão, não se supõe aqui que o duplo homogêneo tenha se tornado menos comum já antes do romantismo, como afirma o citado autor (ibid., p.263). Nos exemplos do tema aqui mencionados brevemente, vindos do romantismo alemão e da época da sonata e da sinfonia, há citações textuais do duplo justamente no sentido da homogenia.

O duplo homogêneo exemplifica-se no poema[6] de Heinrich Heine (1797-1856) que Schubert musica em *O duplo (Der Doppelgänger)*, 13º *Lied* de seu ciclo *O canto do cisne (Schwanengesang* D 957, 1828). Nele, um homem angustiado permanece próximo à casa em que viveu sua amada, percebendo que lá está também outra figura, tão atormentada quanto ele, que para seu horror possui sua própria fisionomia. O nome do *Lied* já explica, de antemão, a relação entre os dois.

A história maravilhosa de Peter Schlemihl (Peter Schlemihls wundersame Geschichte, 1814), de Adelbert von Chamisso (1781-1838), é importante manifestação do duplo heterogêneo. Nela, o duplo de Peter Schlemihl é sua sombra, vendida ao diabo em troca de riqueza. Schlemihl perde com a sombra a sua identidade social; e, um ano depois, o diabo retorna, propondo-lhe uma nova troca: a alma pela sombra. A oferta é recusada, e o personagem passa a viver longe dos homens.

A psicanálise interessou-se pelo duplo, como atestam os textos pioneiros de Rank e de Freud sobre o assunto. Rank escreve em 1914 *O duplo (Der Doppelgänger)*, propondo relações de duplicidade entre a biografia dos autores e certos elementos de sua produção, indicando, por exemplo, Peter Schlemihl como duplo do próprio Chamisso (2000, p.40-1). Também propõe a duplicidade entre obras, conectando o citado texto desse autor ao conto intitulado *A aventura da noite de São Silvestre* ou *O reflexo perdido (Die Abenteuer der Silvester-Nacht*, 1815), de E. T. A. Hoffmann (1776-1822), no qual o personagem Erasmus Spikher perde seu reflexo no espelho e encontra Schlemihl (ibid., p.9). Trata-se do mesmo Hoffmann – escritor, crítico e compositor – que escreve sobre a Quinta sinfonia em 1810, estabelecendo diálogo entre a obra e a estética romântica (Marston, op. cit., p.75). Beethoven, em sua eterna paixão por trocadilhos humorísticos, homenageia-o em 1820 com o cânone em dó

---

6 Esse poema de Heine originalmente não tem título, sendo o 20º de *O retorno (Die Heimkehr*, 1823-1824), do *Livro dos cantos (Buch der Lieder*, 1827).

maior e a duas vozes *Hoffmann, não sejas um cortesão (Hoffmann, sei ja kein Hofmann,* WoO180), publicado no *Caecilia* em 1825. Freud, no texto aqui intitulado "O sinistro" ou "O 'estranho'" (*Das Unheimliche,* 1919), também aborda Hoffmann, valendo-se do famoso conto escrito na mesma época da *Hammerklavier – O homem da areia* (*Der Sandmann,* 1817) – para estudar as relações de duplicidade e as suas implicações na psicanálise. Ele concorda com Rank (op. cit., p.83-5) quanto à origem primordial do duplo no mecanismo de segurança "contra a destruição do ego", relacionado ao "narcisismo primário que domina a mente da criança e do homem primitivo" (Freud, 1996a, p.252). Segundo ele, o duplo teria condições de persistir mesmo após esse estágio, tornando-se, inversamente, um elemento desagradável ou mesmo assustador, ligado a diversas formas de perturbação do ego (ibid., p.254), da simples autocrítica aos casos patológicos de "delírios de observação" do *self* (ibid., p.253).

Em boa medida pelo impulso dado por Freud, *O homem da areia* torna-se o texto por excelência do duplo, menção quase inevitável em qualquer trabalho sobre o assunto. Freud escolhe predominantemente a heterogeneidade para analisá-lo, apontando como duplos o pai de Nathanael e Coppelius, Spalanzani e Coppola, Nathanael e Olimpia, entre outros. Entretanto, não exclui a existência da duplicidade homogênea e nem poderia. Afinal, de fato, a única referência literal a duplos no conto é dada em virtude dos sinistros Coppelius e Coppola (Hoffmann, 1996, p.38). Tendem à homogenia também o pai de Nathanael e Spalanzani, bem como Olimpia e Clara – como reforça explicitamente o texto, na medida em que Nathanael chama esta de "maldito autômato sem vida" (ibid., p.35), exatamente o que era Olimpia.

Como nos personagens literários, não há traços que isoladamente façam das obras aqui estudadas, op.106 e op.125, metaforicamente, duplos. Ao contrário, o que leva à formação de um perfil comum é justamente a multiplicidade e a junção (ou o acúmulo) de relações. Por mais intensas que fossem as aproximações, sem isso elas não permitiriam que se pensasse nesse tipo de vinculação (como normalmente acontece em obras de um mesmo estilo ou período criativo). Assim, indicam-se a seguir impulsos efetivos (além dos já citados) que, em conjunto, ajudam a construir o diálogo entre as obras. Alguns deles, na medida do possível assinalados, podem parecer relativamente triviais se desconectados do resto. Entretanto, se unidos a outros, mais significativos, são facilmente reconhecidos como elementos ativos da imagem de duplicidade.

Começando pelas figurações rítmicas, nota-se nas células principais dos primeiros movimentos total analogia: ambas se fazem por uma nota de pequeno valor na anacruse seguida por outra de duração maior na cabeça do tempo. A diferença entre cada caso é principalmente de valor das notas curtas (colcheia na sonata e fusa na sinfonia), apaziguada pelo fato de o primeiro movimento da *Hammerklavier* ser *alla breve* e ter indicação metronômica alta. A heterogeneidade pode ser exemplificada no movimento melódico associado a cada figuração, indicando inversão de uma em relação à outra (movimento temático inicial ascendente da op.106 *versus* inicial descendente da op.125).

Figura 59. *Hammerklavier* (1).

Figura 60. Nona (16-17).

Além disso, há também a maneira como essas células se encadeiam para formar o início do discurso temático, tanto nos primeiros dois compassos da *Hammerklavier* quanto no 17 e no 18 da sinfonia *Coral*. A semelhança reside no aumento das notas de menor duração no término dos fragmentos, na duplicação delas. Assim, no início da *Hammerklavier*, na terceira vez em que aparece o valor rítmico da colcheia, há duas colcheias em vez de uma, e, da mesma forma, no 18 da Nona, na quarta vez em que aparece o valor da fusa no primeiro tema, surgem duas fusas em vez de uma. Trata-se, evidentemente, de um processo de intensificação (cf. figuras 49 e 13). A similaridade entre as células rítmicas é perceptível na audição, mas não se pode dizer o mesmo sobre a intensificação mencionada, no final dos fragmentos temáticos. Entretanto, mesmo que não seja tão notável a relação entre as obras nesse caso, ainda assim existe um mesmo propósito funcional: intensificação indutora de encerramento.

O cromatismo melódico e um certo efeito fragmentário marcam os segundos grupos temáticos, menos pela frequência de suas ocorrências do que pelo contraste notado em relação aos primeiros grupos. Nas escalas descendentes com passagens cromáticas, presentes tanto no segundo grupo temático da Nona quanto no grupo equivalente da *Hammerklavier*, testemunham-se redução da velocidade harmônica e notável fluência melódica, esta não necessariamente relacionada à tradição de *cantabile* dos segundos temas (ou segundos grupos) da forma-sonata, haja vista o perfil melódico evidentemente instrumental.

Figura 61. Nona (92-95).

Figura 62. *Hammerklavier* (75-76).

A semelhança nesses dois casos é grande a ponto de permitir que se veja num um esboço, ensaio, do outro. O perfil melódico é praticamente o mesmo, a estruturação de dinâmica é parecida, e os finais são igualmente fragmentados e acentuados. Contudo, com relação ao mencionado efeito fragmentário nos segundos grupos temáticos, esses exemplos não são dos mais notáveis; mereceriam destaque os inícios de seus terceiros temas (imitações canônicas na *Hammerklavier*, do 91 ao 96, e fragmentos marciais *versus* fragmentos *dolce* na Nona, do 102 ao 106). Como característica adicional comum aos segundos grupos, no começo deles há sugestão de inversão melódica de materiais dos primeiros.

Sendo os segundos movimentos, como já se mencionou, intrinsecamente vinculados aos seus respectivos primeiros, não é surpresa que novamente haja estruturas rítmicas com notas curtas que se complementem com notas de maior duração. A diferença, então, é que estas vêm antes daquelas (cf. figuras 52 e 21). Assim, as células principais dos segundos movimentos, ainda que diferentes se comparadas, funcionalmente são pares inegáveis. Apontando-se uma particularidade, na *Hammerklavier* a nota curta continua sendo a última da anacruse, como no primeiro movimento, o que não acontece na sinfonia, pois a célula principal de seu *scherzo* ("m_1") inicia-se no primeiro tempo. No entanto, com ou sem deslocamento, as células das duas obras ocupam a duração do compasso.

É importante notar também as oscilações de fórmula de compasso nesses movimentos. Já se comentou antes que a *Hammerklavier* apresenta o primeiro *scherzo* da História a agrupar ritmos binários e ternários. A Nona recicla esse procedimento, aproveitando, além disso, estruturação conjunta de andamento e compasso encontrada na sonata, *Presto* e 2/2. É interessante que em ambos os movimentos tal estruturação ocorra perto de um fim. Na *Hammerklavier*, trata-se do fim do *scherzo* em si. No segundo movimento da sinfonia, a alteração ocorre tanto num ponto equivalente quanto no fim da seção "A" (isso demonstra também como essa seção, isoladamente, permite analogia com todo o *scherzo* da *Hammerklavier*).

Os movimentos lentos das duas obras têm espécie de abrir de cortinas, suas introduções. Na *Hammerklavier*, trata-se precisamente do primeiro compasso; já na sinfonia, dos primeiros dois. Em ambos os casos, percebem-se perfis melódicos ascendentes e conexões com os movimentos anteriores: na op.106, como escreve Beethoven, forma-se um eco do *scherzo* (Tovey, 1931, p.221); na op.125, a estrutura rítmica do primeiro movimento é amortecida, estabelecendo-se eco também. Por menores que sejam essas minúsculas introduções, ainda assim conseguem reduzir sem choques o passo das obras, até então vigoroso.

A continuidade entre os movimentos das duas composições, a propósito, resiste a qualquer pausa na execução. São efeitos incanceláveis na *Hammerklavier* a preparação motívica do *scherzo* no fim da *coda* do primeiro movimento (a partir do 398), o eco daquele no início do terceiro e a transformação do arpejo ornamental final deste em arpejo escrito no início do quarto. Na sinfonia, os saltos de oitava característicos do *scherzo* têm também antecipação na *coda* do primeiro movimento (figuração das cordas a partir do 531), a introdução do terceiro vincula-se ao primeiro (e indiretamente também ao segundo), e o *finale* tem sua dissonância inicial preparada no último compasso do movimento lento. Beethoven, portanto, usa recursos muito parecidos nas duas obras para garantir a conexão entre suas partes.

Na comentada antecipação do *scherzo* no fim do primeiro movimento da Nona, é fundamental o destaque sonoro das primeiras duas notas de cada compasso (estabelecendo oitava descendente), impulsionado pelo quase automático obscurecimento das terceiras (ré):

Figura 63. Antecipação do *scherzo* no primeiro movimento da Nona (531-534).

Após os compassos introdutórios dos terceiros movimentos, encontra-se perfil melódico inicial similar nos primeiros temas, esboçando descida e subida (cf. figuras 55 e 33). Além disso, nos dois casos a textura aproxima-se da homofonia. É ainda outro ponto relevante que ambos os temas caracterizem-se pela fragmentação fraseológica. Assim, na *Hammerklavier* há estruturas extensivas entre os períodos e no meio do segundo período, e na Nona, fragmentos secundários que imitam finais de frases anteriores.

Adiante, avista-se o importante processo da heterofonia. Segundo Boulez, a heterofonia é "raramente empregada" na música ocidental, porém está presente em algumas das últimas obras de Beethoven em "estado elementar" (op. cit., p.121). No movimento lento da sinfonia, as duas variações de "A" apresentam-na, sendo que na segunda o processo é bem mais evidente: paralelamente à configuração nas madeiras, há jogos de ornamentação resultando num deslocamento temporal das notas estruturais (sempre presentes) nos primeiros violinos. Na primeira variação, a heterofonia ocorre de forma embrionária: o primeiro de alguns exemplos, no 48, envolve as notas fá e si bemol, comparando-se a linha do primeiro clarinete às notas inferiores dos primeiros violinos. No terceiro movimento da *Hammerklavier*, o 96 é também exemplo do processo (notas superiores do pentagrama inferior *versus* notas correspondentes do pentagrama superior, todas estruturais). Esses fenômenos devem ser diferenciados da simples defasagem, pois os deslocamentos temporais não se submetem a uma relação fixa.

Figura 64. Heterofonia no terceiro movimento da Nona sinfonia (105-106).

Figura 65. Heterofonia no terceiro movimento da *Hammerklavier* (96).

É interessante notar que os terceiros movimentos são os que mais se aproximam quanto ao número de compassos, o da sinfonia com 157 e o da sonata com 187. O da *Hammerklavier* é o único maior do

A NONA SINFONIA E SEU DUPLO 199

que seu correspondente da sinfonia. Na verdade, como lembra Kinderman (op. cit., p.206), é o movimento lento mais longo de Beethoven.

Os quartos movimentos têm alguns discretos elementos melódicos comuns. O tema da *fuga dentro da fuga* na *Hammerklavier*, por exemplo, remete-se ao tema da *Ode à alegria*, só que por inversão. Nos dois, há a importância do grau conjunto (cf. figuras 58 e 39). Este se manifesta, a propósito, também no tema principal do *finale* da *Hammerklavier*.

Mesmo terminando aí as relações melódicas entre os temas principais, ambos se inserem em seus quartos movimentos (e nas obras) de forma parecida, como forças de permanência (que no entanto admitem o transitório). São mais estáveis do que qualquer outra estrutura das composições: tema algum é repetido tantas vezes, literalmente ou com transformações. Emancipam-se da textura, afinal se apresentam nas mais diversas, inclusive na ausência de qualquer outra além da provocada isoladamente por eles próprios (exposição inicial sem acompanhamento). Adicionalmente, deve-se notar que, no *finale* da Nona, as primeiras apresentações temáticas dão-se pela adição de vozes e pelo contraponto, mais um ponto de contato com o último movimento da sonata op.106.

Existe, portanto, afinidade funcional entre essas duas estruturas que de início podem revelar pouco em comum. Nos dois movimentos em que a forma é mais imprevisível, seus temas garantem, em compensação, identidade. Vê-se, assim, razão mesmo estratégica para a existência de temas assumidamente principais.

A ironia integra as preparações das reexposições dos primeiros movimentos, nos finais dos desenvolvimentos. Os materiais são mostrados abertamente, e assim o são também suas limitações, que parecem se tornar as da própria linguagem.

Na *Hammerklavier*, toda uma estrutura imitativa, tão importante no desenvolvimento, reduz-se progressivamente a repetições da célula rítmica principal do *Allegro*. Nesse momento, vê-se que um longo discurso se fez sobre simples materiais e que eles então geram um impasse. A própria compreensão dos fenômenos sofre um choque. A estrutura rítmica e o deslocamento harmônico trazem de volta o distante início da obra, então transformado. No movimento inicial da Nona, o processo é parecido. Uma ampla estrutura contrapontística surgida no desenvolvimento é em seu fim cancelada. O que resta, além de reforços rítmicos e harmônicos, é apenas a base de qualquer contraponto, seu pré-requisito: a linha. Como na sonata, há evocação paralelamente à ruína e ao choque, permitindo que sublime e ironia estejam muito próximos um do outro: a linha apresentada – com elevada densidade como propriedade particular – é também urgente alusão ao primeiro grupo temático da obra, que não demora a voltar.

Esses exemplos parecem demonstrar a existência de outra ironia por trás da ironia romântica: a impossibilidade de prosseguir, nela tão evidente, surpreendentemente se alia ao sublime. Se o sublime e a ironia são polos, esta mostra aquele como o que ela não é, ponto aonde não consegue chegar. Grifando-o negativamente, afirma-o. Mostrando as limitações da linguagem, impulsiona o outro lado, a transcendência da mesma. Com isso, vê-se razão para Beethoven aproximar tão frequentemente tais extremos. Em exemplos como esses, talvez, a aproximação quase sugira coincidência.

Harmonicamente, nota-se na transição da reexposição do primeiro movimento da *Hammerklavier* eventual mas importante tendência ao modo menor. Num movimento em modo maior como esse, o procedimento não seria necessário, mas mesmo assim Beethoven reinsere no 267 a tonalidade negra – si menor. Já se enfatizou a importância das oscilações entre maior e menor na reapresentação de trechos que aparecem pela primeira vez em modo maior no movimento inicial da sinfonia *Coral*, conferindo à reexposição qualidade dramática e expressiva inesperada. Em pontos como o citado, inegavelmente a reexposição da *Hammerklavier* demonstra manobra parecida. Com isso, a duplicidade tem outro indício, por haver estratégia semelhante nas composições, destinada a fins expressivos comuns.

Entretanto, é necessário que se reconheça que a reexposição no *Allegro* da *Hammerklavier* não traz para si um peso de efetiva exposição, como a parte equivalente da Nona parece fazer. Em primeiro lugar, na *Hammerklavier* há pouca variação entre a primeira e a segunda estruturações do segundo grupo temático, gerando-se naturalmente um enfraquecimento da última. Em segundo lugar, ocorre o fenômeno da diminuição de tensão (Rosen, 1997, p.27, 23-4), já comentado na terceira parte deste trabalho: na primeira estruturação, os materiais temáticos do segundo grupo são expostos em sol maior (presença de um sustenido); na segunda, fazem-se por transposição em si bemol maior (presença de dois bemóis). Na Nona, há justamente aumento – materiais em si bemol maior depois são reapresentados em ré.

Isso não impede que, como na sinfonia, não fiquem dúvidas: o clímax do movimento inicial da *Hammerklavier* ocorre na reexposição. Pode-se pôr em debate, sim, se está localizado a partir do 267, como Rosen sugere (op. cit., p.414). O autor considera relevante a reapresentação do fragmento inicial na tonalidade negra, de fato grifada pela ausência de um esperado par fraseológico, o que gera desconfortável incompletude e assimetria (reafirmando-se o pseudoformalismo da sonata). Contudo, pela textura, o clímax no 267 e no 268 simplesmente não se sustenta. Afinal, esses compassos são apenas reconstrução transposta do que se encontra no 1, no 2, no 35 e no 36. Além do mais, mesmo pesando a aparição explícita da tonalidade negra, ela já se insinua entre o 201 e o 214 (em parte pela armadura de clave), manifestando-se de relance no 205 e no 207. Em razão disso, indica-se como efetivo clímax justamente o início da reexposição – a escolha mais óbvia –, com núcleo no 227 e no 228. A força sonora desses compassos é igual ou maior do que a do segmento ressaltado pelo citado autor; e, paralelamente, suas construções originais (nunca mais repetidas) indicam um diferencial.

Adotando-se o início da reexposição como clímax, estabelece-se entre as obras outra conexão. Os comportamentos discursivos de seus primeiros movimentos assim revelam distinta afinidade no plano global, com suas formas marcadas em pontos proporcionalmente muito próximos (55% e 56%, Nona e *Hammerklavier*, respectivamente).

De qualquer forma, na op.106 estão ligados ao sublime tanto o segmento aqui considerado como clímax quanto o proposto por Rosen. O localizado no início da recapitulação sugere um sublime positivo e metonímico, pela distinção e cristalização dos detalhes de textura, assim como pelo papel estrutural destes, reforçado numa observação motívica.[7] Já o indicado por Rosen pode ser relacionado ao sublime negativo e metafórico, pela inconfundível quebra de fluxo e pela substituição de um significante por outro, demonstradas na assimetria e na mudança harmônica. Lembrando-se da força de negação da tonalidade negra na *Hammerklavier*, o sublime do horror também teria que ser mencionado.

Ele, por sua vez, é forte marca no início da reexposição do primeiro movimento da Nona. Assim como em alguns pontos da sonata o piano parece transfigurar-se (pedais ornamentados na *coda* do quarto movimento, por exemplo), aqui a orquestra se transfigura. Trata-se do primeiro indício de uma longa e imprevisível recapitulação, que revela tantas potencialidades encobertas, lembrando o estranho (ou o sinistro) que é também familiar, mencionado por Freud (op. cit., p.258). As quintas justas, no início do movimento excessivamente evidentes, então têm a nota fá sustenido adicionada – primeira do tema da *Ode à alegria*. Constrói-se assim um acorde de ré maior em primeira inversão, com a inserção da terça transformando intervalo em tríade. Entretanto, fá sustenido é elemento deslocado. Não se funde com o resto nem mesmo na estruturação da escrita.[8]

Também não se fundem, de maneira nenhuma, si bemol maior e si menor na *Hammerklavier*. A oposição é, quase invariavelmente, o que esses centros demonstram. Nos mais diversos trechos, si menor apodera-se de temas e motivos originalmente apresentados em si bemol maior, adulterando-os. Assim, no caso da reexposição do primeiro movimento, no fragmento que aparece sem seu esperado par,

---

7 A construção no pentagrama inferior entre o 227 e o 233 tanto se relaciona ao primeiro grupo temático quanto ao segundo.
8 Nem é constituinte de melodia nem se fixa numa única região do registro. Todos os outros elementos presentes no trecho seguem uma dessas diretrizes.

marca-se a incompletude. Em outra situação, na *antiexposição* do quarto movimento, nega-se de certa forma o tema principal (então retrogradado e com aspecto de contratema). Na *coda* do segundo movimento, si menor é o domínio da caricatura das construções em si bemol maior. Esses dois centros harmônicos seguramente podem ser vistos como ambientes de contraste, ou mesmo personagens tonais – duplos internos –, na *Hammerklavier*.

Parece existir, na Nona, polarização temática entre estruturas que de alguma maneira se remetem à *Ode à alegria* e outras marcadas em geral por salto melódico. Isso fica claro ao abordar os três primeiros movimentos sem deixar de levar em consideração o *finale*. Mantendo em alguma medida certa qualidade forânea naqueles, certos elementos conectam-se imediatamente a ele.[9] É o que ocorre no final da transição do primeiro movimento, no segundo grupo temático da seção "A" do *scherzo*, no seu trio e no segundo tema do terceiro movimento. Outro exemplo é fá sustenido no início da reexposição do primeiro movimento. No entanto, as relações invertem-se na introdução do quarto movimento: nela, elementos forâneos são os movimentos anteriores, resgatados como instantâneos.

Sendo possível a perspectiva da duplicidade (evidentemente heterogênea) entre duas naturezas temáticas distintas na Nona sinfonia, pode-se estendê-la, então, aos primeiros três movimentos e ao *finale* em si. Como se um polo predominantemente invertesse as prioridades do outro, reafirmando-se a relação complementar mencionada na primeira parte deste trabalho.

A *Hammerklavier* não apresenta algo comparável. Entretanto, pelo menos uma alusão ao seu *finale* ocorre no primeiro movimento – e num ponto que encontra equivalência na Nona –, no final da transição. Isso se dá na medida em que estruturas do tema do quarto movi-

---

9 Esses elementos não parecem ser as origens do tema da *Ode à alegria*. Ao contrário, este, mesmo ocorrendo depois, parece ser a origem deles. O processo de composição da sinfonia só reforçaria isso, uma vez que Beethoven já teria projetado a melodia principal do *finale* antes mesmo do término do primeiro movimento.

mento, que se assemelham a grupetos, são antecipadas entre o 47 e o 63 do *Allegro*.

Já se mencionou que no terceiro movimento da sinfonia se sugere de relance o primeiro, a partir do 23. Deve-se notar que revela procedimento equivalente o segundo período do terceiro movimento da sonata, no 14 e no 22. Na sinfonia, são decisivas a textura, a harmonia e as apojaturas (esboçando essas últimas, por inversão, "a"). Na sonata, a apojatura é primordial, traçando com as primeiras notas reais tanto sugestões da célula rítmica do primeiro movimento quanto saltos de décima (característicos da obra). A complementaridade rítmica entre colcheias e semínimas, no pentagrama superior dos compassos citados da *Hammerklavier*, é também notável.

Os segundos movimentos, a despeito de suas diferenças de proporção e mesmo de forma, têm na hipertrofia uma característica comum. Na *Hammerklavier*, ela dá-se na retransição, nem sempre necessária num *scherzo*, mas que então não só se apresenta como também se emancipa e introduz ritmos binários. Na Nona, a seção "A" cresce a ponto de mostrar um segundo grupo temático e gerar uma forma-sonata dentro do movimento. A irregularidade harmônica desse grupo (dó maior é tonalidade surpreendente no contexto de ré menor), conciliada ao processo hipertrófico, indica a flexibilidade tanto da forma-sonata quanto da forma ternária nos tempos de Beethoven. Talvez em parte se justifique na circunstancialidade da combinação.

Em ambos os movimentos, há alteração na situação de certos materiais diante de novos contextos. Na op.106, um motivo que na seção "A" é de conclusão – colcheia-pausa-colcheia-pausa –, na "B" se torna iniciador das frases. Com lógica parecida, o trecho inicial do segundo grupo temático de "A" no *scherzo* da Nona reaproveita "m_1", mas então essencialmente como acompanhamento.

O processo envolvendo a *fuga dentro da fuga* no *finale* da *Hammerklavier* indiretamente lembra algumas ocorrências no último movimento da sinfonia. A primeira é a música turca (variações marciais). O que antecede tanto esta quanto a pequena fuga da sonata tem em comum a chegada a uma nova dominante, a intensidade sonora e a interrupção estrutural, pontuação. A diferença, e também a duplicidade heterogênea, está nos caminhos opostos que Beethoven delineia. A *fuga dentro da fuga* e a música turca são antagônicas: uma aponta o sacro, outra o profano. São perfeitamente contrárias ao observar-se a harmonia: a fuga introduz ré maior num movimento em si bemol maior, a música turca introduz si bemol maior num movimento em ré maior. A primeira liga-se ao sublime negativo e metafórico, e a segunda é representante do que Tovey considera traço importante na arte de Beethoven: a "luz do dia comum" (1935, p.35).

Outra ocorrência no último movimento da Nona à qual a *fuga dentro da fuga* se conecta tem início na anacruse do 595 (*coda*), com coro introduzindo texto pela primeira vez, apoiado por trombones. Como a parte em questão da *Hammerklavier* (e a música turca), o trecho é precedido por momento de notável intensidade e separado dele por silêncio. Tanto a pequena fuga da sonata quanto ele se remetem a construções arcaicas, e a relação, ao contrário da que envolve a música turca, dá-se por duplicidade homogênea. Quanto à forma, estão em posições relativamente próximas, com as obras já chegando a seus momentos finais, perto de definitivas estabilizações das tonalidades principais.

O último movimento da *Hammerklavier* demonstra duas fugas; o da Nona revela um fugato duplo e uma fuga dupla. O fugato duplo, instrumental, tem afinidade com a fuga principal do *finale* da sonata: ambos assumem um passo frenético e revelam o fluxo para a frente. Por sua vez, a fuga dupla, vocal, é ligada justamente à *fuga dentro da fuga*, pois ambas mais parecem desviar o discurso do que propriamente o impulsionar.

Pensando-se ainda em fenômenos contrapontísticos, veem-se consideráveis afinidades entre os desenvolvimentos dos primeiros movimentos. Suas segundas partes – de certa forma as que os impulsionam – dedicam-se ao discurso polifônico. Na *Hammerklavier*, há um fugato de intensidade crescente. Na Nona, surge uma longa construção com sobreposições de materiais melódicos (episódio macroscópico sobre "b"). É muito significativo que, mais à frente, nas retransições, essas estruturações contrapontísticas sejam retomadas de maneira sintética ou defectiva. De certa forma, estabelecem o perfil do desenvolvimento e, por isso mesmo, têm que ser liquidadas antes da recapitulação.

Merecem consideração os ápices dos terceiros movimentos, em pontos próximos, a menos de um quarto de seus términos. Na sonata, trata-se da segunda parte da coda; na sinfonia, da primeira. Mesmo possuindo formas diferentes, esses movimentos assim demonstram importante afinidade no discurso global. Na sinfonia, o clímax prenuncia a entrada do *finale*, sendo espécie de preparação da sua introdução. Na sonata, constrói-se a partir da volta de elementos do início do segundo grupo temático. A máxima tensão instaura-se no 165, aparecendo pouco antes a tonalidade negra. Nesse compasso, as ligaduras entre notas de mesma altura e os ritmos sincopados, além de manter afinidade com o início da transição, também indicam que existe na sonata prenúncio de seu quarto movimento. Isso é comprovado logo no primeiro compasso dele, em que formações sincopadas e com ligaduras, frequentes na introdução, já aparecem.

Chama a atenção que as áreas de instabilidade dos terceiros movimentos – o episódio no da sinfonia e o desenvolvimento no da sonata – tenham muito em comum. Ambas são bem pequenas, a da sonata com 19 compassos e a da sinfonia com 16. A afinidade proporcional é impressionante, a primeira constitui 10,16% de seu movimento, e a segunda, 10,19%. Não bastasse isso, os planos são análogos: terminam com construção nitidamente harmônica, precedida por outra de caráter contrapontístico. Só não são exatamente iguais, nesse sentido, porque a parte contrapontística inicia o desenvolvimento na sonata e surge no terceiro compasso do episódio na sinfonia.

A imensa popularidade da sinfonia *Coral* e as conexões entre seus movimentos tornam quase inacreditável o suposto relato de Czerny, segundo o qual Beethoven diz a seus amigos, após a estreia da obra, que o *finale* foi um erro e que deveria ter sido substituído por uma composição instrumental (Levy, op. cit., p.102). No caso da *Hammerklavier*, nos acertos de sua primeira edição inglesa, não pareceu haver grande interesse editorial numa publicação fiel à sua concepção. Por isso, o compositor autorizou diversas opções de reorganização, todas envolvendo separação ou exclusão do *finale* (Solomon, op. cit., p.400). No fim, a obra foi dividida em dois volumes, um com o primeiro, o terceiro e o segundo movimentos (nessa ordem), outro com o quarto. De qualquer forma, é quase certo que nesse caso as mudanças se devessem unicamente a questões comerciais: sabe-se que a *Hammerklavier* era a sonata preferida de Beethoven e parece certo que, para ele, tenha bastado a publicação adequada da peça em Viena (ibid., p.266, 400). Assim, os últimos movimentos dessas duas obras insinuam-se como pontos delicados na recepção delas na época. Inserem-nas na categoria de composições da última fase que então se situam numa espécie de limite de aceitação, eventualmente interferindo até mesmo no julgamento de seu criador. Sobre essa interferência, o relato de Czerny – que não necessariamente atesta a opinião definitiva de Beethoven – não é fenômeno isolado: há, no mínimo, também as circunstâncias que envolvem a separação da *Grande fuga* op.133 do quarteto op.130, que não esclarecem se o compositor apenas cede a pressões editoriais e àqueles que não se entusiasmaram ouvindo a fuga, os "asnos" (ibid., p.429) – nas suas palavras –, ou se realmente tem interesses composicionais nas alterações.

Essas questões têm que ver com um certo deslocamento do centro de gravidade em favor dos movimentos de fechamento (que encontra espaço na fase tardia). Beethoven não só aumenta suas proporções, como também lhes oferece diferentes configurações de pensamento, pela aplicação simultânea de diversos princípios vindos principalmente da fuga, das variações e da forma-sonata – as camadas paralelas. Esses princípios não são exatamente incomuns na época, mas, sim, sua fusão e o intento de construção apoteótica por meio deles. Assim, é natural que muitos dos últimos movimentos da fase tardia tenham sido alvos de resistências menos por pontos isolados do que por aspectos globais.

Há, ainda, algumas semelhanças a apontar perto dos finais da Nona e da *Hammerklavier*. Mesmo que essas obras terminem intensamente, ambas têm, pouco antes, momentos com relativo caráter de *scherzo*, reforçando o "dia comum" de Tovey. Assim, na Nona aparece o *Poco allegro, stringendo il tempo, sempre più allegro* a partir do 843, dando continuidade a um cadencial $^6_4$ implícito. Já antes disso, a seção das formações canônicas (a partir do 763) confere à música caráter espirituoso. Na *Hammerklavier*, após a chegada à dominante que um cadencial $^6_4$ disfarçado e interrompido anteriormente prepara, um minúsculo ato transforma as quase últimas referências ao tema da fuga em ironia harmônica e melódica formidável. Beethoven converte o esperado si bemol – do fragmento temático de semicolcheias – em si bequadro (a partir do 384). Com isso, até no fim a tonalidade negra indiretamente persiste, mas então como elemento fundamentalmente humorístico. As mudanças de registro e de textura e as repetições pausadas ajudam a evocar o caráter de *scherzo* (lembrando, inclusive, o da própria sonata). No fechamento posterior, si bequadro (cancelado no 387) ainda retorna (390), mas completamente fundido à progressão ascendente.

Figura 66. *Hammerklavier*, último movimento (384-387).

Tanto o *stringendo il tempo* do último movimento da sinfonia quanto a ironia do fim da sonata têm mais um aspecto comum: ambos são precedidos por *Poco Adagio*. Breve nos dois movimentos, *Poco Adagio* é ponto fundamental de conclusão, antes de epílogos com as resoluções (ou afirmações) harmônicas finais.

Já foram comentadas as preparações dos últimos movimentos nos movimentos precedentes, bem como, em sentido mais amplo, as precauções do compositor no que se refere às ligações internas das obras. Os momentos cruciais desse último processo correspondem às introduções dos movimentos finais.

A forma delas, como já se expôs, faz-se por "A-B-A-C-A-D-A-Conclusão (A)". As partes "B", "C" e "D" são as de maior estabilidade harmônica (na verdade, de total estabilidade com exceção de "C" da Nona, que passa por lá menor e fá maior), e as "A", ao contrário, são as instáveis por natureza. O efeito de um *rondó às avessas* deve-se não só à harmonia, mas também à força temática maior de "B", "C" e "D". Nas duas obras, as partes "A" são compostas de dois elementos que aparecem juntos na primeira e na quarta vez, nesta em ordem invertida. Nas outras vezes, assim como na conclusão, os segundos elementos são a base (embora o primeiro seja evocado na conclusão da introdução da Nona). Tanto na sinfonia quanto na sonata, a quarta "A" antecipa estruturas fundamentais dos corpos principais dos últimos movimentos, assumindo o passo decisivo em direção a eles.

Abordando-se "B", "C" e "D", nota-se que eles são frutos de uma ideia abstrata, por isso se relacionam entre si, mas nunca se derivam progressivamente um do outro. No caso da *Hammerklavier*, a ideia que os gera se caracteriza por figuras acéfalas e imitação (independentemente dos perfis melódicos e dos valores rítmicos). Na Nona, a ideia é a da recapitulação dos movimentos anteriores. O subtematismo no processo da *Hammerklavier* é evidente, e na Nona também pode ser notado pelas similaridades entre os fragmentos escolhidos para reapresentação (todos contendo o salto descendente). A música comenta a própria música e, como numa aula de análise musical, esclarece que os três movimentos da sinfonia *Coral* têm impulsos comuns.

Por um lado, deve-se assinalar também que "B", "C" e "D" se conectam a estruturas contrastantes ou diferenciadas, posteriores, dos corpos principais de seus movimentos, mas a sutileza é tal que tudo parece apenas coincidência (quase se suspendendo as semelhanças em razão das diferenças). Na sonata, essa relação é estabelecida entre as figuras acéfalas da introdução e os episódios ulteriores (quarto e quinto) com nova figuração motívica. Na Nona, os valores rítmicos característicos das citações dos primeiros movimentos (com notas pontuadas) são reciclados nas variações marciais, no fugato duplo e na fuga dupla.

Por outro lado, as partes "A" insinuam estruturas mais características dos corpos principais. Com exceção das suas quartas aparições, em que as já comentadas ligações com formações fundamentais dos movimentos são óbvias, o processo é discreto. Assim, nas partes "A" da introdução da *Hammerklavier*, o funcionamento harmônico do tema da fuga e seu salto inicial são traçados. Nas porções equivalentes da Nona, por meio de sugestões motívicas tênues, o tema da *Ode à alegria* é representado. As partes "A" na sinfonia demonstram ainda a capacidade de preparar recapitulações adjacentes dos movimentos anteriores ("B", "C" e "D").

Impressiona o quanto as duas introduções diferem auditivamente, apesar das semelhanças em outros níveis. Sem dúvida, trata-se de um exemplo de duplicidade em que a homogenia e a heterogenia parecem se equilibrar.

* * *

Todas as ocorrências mencionadas comprovam, enfim, que a relação entre a Nona e a *Hammerklavier* está muito além das semelhanças num ou noutro aspecto apenas: essencialmente, tem caráter global. Nenhum dos traços comuns, sozinho, é realmente decisivo na indicação da duplicidade das composições. Tomando-se o último aspecto comentado como exemplo, por maiores que sejam as similaridades nas introduções dos últimos movimentos – e são imensas –, separadamente elas apenas mostram a existência de coincidências ou hábitos em obras da mesma fase de um compositor. Seria difícil algo mais trivial do que isso.

É evidente que a fase tardia, sendo fase, permite paralelos entre suas criações. Mas indícios de um diálogo particular passam a evidenciar-se, no caso da sinfonia e da sonata, a partir do momento em que os paralelos se colocam, de certa forma, mesmo além da fase em si. Isso se dá na medida em que muitas aproximações não se preveem necessariamente nas características que a definem. Não a define, por exemplo, a inversão dos segmentos intermediários numa estrutura de quatro movimentos. Da mesma forma, para citar poucos exemplos, não a definem as formas das introduções dos últimos movimentos, o posicionamento de clímax nos terceiros e nos primeiros, as proporções das áreas de instabilidade nos terceiros e a presença de ritmos binários nos segundos.

Essas obras sem dúvida também podem ser comparadas, de imediato, a outras do compositor, e é demonstração disso a famosa relação entre a sinfonia *Coral*, ou melhor, *apenas* seu *finale*, e a fantasia *Coral*. Nesse caso, somente uma escuta muito desatenta não notaria as semelhanças, que já se fundamentam nos temas e na formação instrumental. Contudo, no que se refere à Nona e à *Hammerklavier*, não seria exagero aceitar que, em determinadas situações, ouvir poderia mesmo atrapalhar a percepção das conexões. Auditivamente, não existe relação evidente entre as introduções dos últimos movimentos, entre as preparações deles tanto nos compassos finais quanto nos ápices dos terceiros e entre os desenvolvimentos dos primeiros.

Duas palavras-chave emergem na relação entre a sonata e a sinfonia: funcionalidade e discurso.

Sobre funcionalidade, a maioria das ocorrências apontadas revela a preservação de alicerces da composição. Alguns deles têm efeitos óbvios, como as preparações dos últimos movimentos nos terceiros, as relações entre os primeiros compassos destes e elementos anteriores, as amplas preponderâncias dos temas principais dos últimos movimentos e as preparações celulares dos segundos nas partes finais dos primeiros. Contudo, outros parecem ser, de certa forma, quase fins em si. São exemplos as sugestões dos quartos movimentos nas transições dos primeiros, as notas pedais de suas reexposições, as ordenações de áreas de horizontalidade e verticalidade nas seções instáveis dos terceiros e as hipertrofias dos segundos.

O discurso acaba sendo sugerido pela própria funcionalidade, que demonstra como a música se articula. A característica que talvez mais evidencie inicialmente a relação entre as composições, provavelmente a mais óbvia, tem a ver com a ordenação discursiva: o *scherzo* antes do movimento lento. Alguns outros exemplos explícitos de afinidades no discurso seriam as variações aplicadas aos primeiros temas dos terceiros movimentos, as sugestões ambíguas de *attacca* envolvendo estes e os últimos movimentos, as paródias dos primeiros nos segundos e as revelações das transições nas repetições temáticas iniciais dos primeiros. Também não se poderia esquecer dos ápices internos dos primeiros e dos terceiros movimentos.

Os corpos principais dos últimos movimentos, tão diferentes na forma, curiosamente manifestam muitas similaridades de discurso. Podem ser citadas, em primeiro lugar, as solenes apresentações temáticas iniciais (depois das introduções), em que tudo cessa para que os temas principais sejam executados isoladamente. Há também os processos de variação, cujos efeitos são, em geral, muito próximos: mais de reafirmação das melodias utilizadas do que de obscurecimento delas (em oposição aos terceiros movimentos). Além disso, adquirem relevo os segmentos arcaizantes e, mais perto do fim, os com relativo caráter de *scherzo*.

A importância da funcionalidade e do discurso na relação entre a Nona e a *Hammerklavier* não se limita a esta breve e derradeira rememoração de algumas das ocorrências apontadas anteriormente. Ela abrange a grande maioria dos fenômenos comuns às duas obras enfocados a partir do último segmento deste trabalho.

Não se saberá até que ponto o compositor deliberadamente olhou para a *Hammerklavier* ao escrever a Nona sinfonia, se é que o fez em alguma medida. Não se poderia nem mesmo saber se, ao contrário, escreveu a sonata já movido pela criação da Nona. Pela cronologia, isso seria possível: alguns esboços da sinfonia datam de setembro de 1817, pouco antes de ele começar a *Hammerklavier*.

É igualmente possível que as relações de proximidade entre as duas obras se devam a processos não intencionais. Nesse caso, certas semelhanças (nas introduções dos quartos movimentos, nas proporções das seções de instabilidade dos terceiros e nos posicionamentos de clímax nestes e nos primeiros) tornar-se-iam fenômenos absolutamente extraordinários. Extraordinários sem dúvida, mas não verdadeiramente improváveis.

A duplicidade dessas obras, de qualquer forma, não dependeria de comprovação baseada no processo criativo de Beethoven. A Nona e a *Hammerklavier*, com suas ligações, revelam-se e esclarecem-se mutuamente. A influência da Nona na fruição da *Hammerklavier* é inevitável, e o inverso também acontece, embora em menor proporção.

Se, segundo Freud, o homem primitivo obtém do duplo a "garantia de imortalidade" (op. cit., p.252), de forma parecida talvez se obtenha dos diálogos entre essas duas composições uma dupla perpetuação. Não sem ambiguidades, pode-se contemplar uma, mais uma vez, na outra.

BIBLIOGRAFIA

Livros, artigos, verbetes e outros textos

ADORNO, T.W. *Beethoven*: the philosophy of music. Trad. Edmund Jephcott. Stanford: Stanford University Press, 1998.
_____. *Teoria estética*. Trad. A. Morão. Lisboa: Edições 70, s.d.
ARNOLD, D., FORTUNE, N. *The Beethoven companion*. Londres: Faber and Faber, 1973.
BENTO, D. A Nona sinfonia e a sonata *Hammerklavier*: funcionalidade e discurso. In: FÓRUM DO CENTRO DE LINGUAGEM MUSICAL, V, 2002, São Paulo. *Anais...* São Paulo: ECA-USP, 2002. p.209-16.
_____. *Beethoven, o princípio da modernidade*. São Paulo: Annablume, Fapesp, 2002.
_____. Subtematismo e coesão discursiva em *O cravo bem temperado* (v.II) de J. S. Bach. In: FÓRUM DO CENTRO DE LINGUAGEM MUSICAL, VI, 2004, São Paulo. *Anais...* São Paulo: ECA-USP, 2004. p.39-44.
_____. Aspectos de coesão discursiva em *O cravo bem temperado* (v.I) de J. S. Bach. In: FÓRUM DE PESQUISA CIENTÍFICA EM ARTE DA ESCOLA DE MÚSICA E BELAS ARTES DO PARANÁ (EMBAP), III, 2004, Curitiba. *Anais...* Curitiba: EMBAP,

2005. p.205-11 (acesso em 23 de janeiro de 2007), <http://anais.embap.br/artigos/>.

_____. Coesão discursiva nos *Estudos* op.25 de Chopin: aspectos de tonalidade e subtematismo. *Opus*, v.11, p.249-59, 2005 (acesso em 23 de janeiro de 2007), <http://www.anppom.com.br/opus/opus11/M_Daniel%20Bento.pdf>.

BENTO, D., SEKEFF, M. de L. Beethoven, o princípio da modernidade. *Revista de iniciação científica da Unesp* – 1999, v.1, p.181-6, 2000.

BERIO, L., DALMONTE, R. *Entrevista sobre a música*. Trad. Álvaro Lorencini, Letizia Zini Nunes. s. l.: Civilização brasileira, s. d.

BLOM, E. *Beethoven's pianoforte sonatas discussed*. Nova York: Da Capo Press, 1968.

BLOOM, H. *A angústia da influência*: uma teoria da poesia. Trad. Arthur Nestrovski. Rio de Janeiro: Imago, 1991. (Biblioteca Pierre Menard).

_____. Prefácio. In: WEISKEL, T. *O sublime romântico*: estudos sobre a estrutura e psicologia da transcendência. Trad. Patrícia Flores da Cunha. Rio de Janeiro: Imago, 1994. p.9-13. (Biblioteca Pierre Menard).

BORGES, J. L. Kafka y sus precursores. In: _____. *Obras completas*. 1952-1972. 18.ed. Buenos Aires: Emecé editores, 1989. T.II, p.88-90.

BOUCOURECHLIEV, A. *Beethoven*. Trad. Graziella Bodmer. Barcelona: Bosch, 1980.

BOULEZ, P. *A música hoje*. Trad. R. de Carvalho, M. A. L. de Barros. São Paulo: Perspectiva, 1972.

_____. *A música hoje 2*. Trad. G. G. de Souza. São Paulo: Perspectiva, 1992.

_____. *Apontamentos de aprendiz*. Trad. S. Moutinho, C. Pagano, L. Bazarian. São Paulo: Perspectiva, 1995.

BRAVO, N. F. Duplo. In: BRUNEL, P. (Org.) *Dicionário de mitos literários*. Trad. Carlos Sussekind et al. Brasília: Editora da UnB, Rio de Janeiro: J. Olympio, 1997. p.261-88.

BRENDEL, A. *On music*. Collected essays. Chicago: A Cappella Books, 2001.

BUCH, E. *Música e política*: a Nona de Beethoven. Trad. Maria Helena Ortiz. Bauru: Edusc, 2001.

BURNHAM, S. *Beethoven hero*. Princeton: Princeton University Press, 1995.

_____. Beethoven, Ludwig van. §19: Posthumous influence and reception. In: *Grove music online*. Ed. L. Macy (acesso em 20 de junho de 2004), <http://www.grovemusic.com>.

BUSONI, F. *The essence of music*: and other papers. Trad. Rosamond Ley. Nova York: Dover publications, Inc., 1965.

CARPEAUX, O. M. *Uma nova história da música*. Rio de Janeiro: Ediouro, s. d.

CESAROTTO, O. *No olho do outro*. "O homem da areia" segundo Hoffmann, Freud e Gaiman. São Paulo: Iluminuras, 1996.

CHAMISSO, A. von. *A história maravilhosa de Peter Schlemihl*. Trad. Marcus Vinícius Mazzari. São Paulo: Estação liberdade, 2003.

COCKSHOOT, J. V. *The fugue in Beethoven's piano music*. Londres: Routledge & Kegan Paul, 1959.

COLDICOTT, A.-L. Práticas de execução na época de Beethoven. In: COOPER, B. (Org.) *Beethoven*: um compêndio. Guia completo da música e da vida de Ludwig van Beethoven. Trad. Mauro Gama, Claudia Martinelli Gama. Rio de Janeiro: J. Zahar, 1996. p.320-31.

COOK, N. *Beethoven*: symphony no.9. Cambridge: Cambridge University Press, 1993.

COOPER, B. (Org.) *Beethoven*: um compêndio. Guia completo da música e da vida de Ludwig van Beethoven. Trad. Mauro Gama, Claudia Martinelli Gama. Rio de Janeiro: J. Zahar, 1996.

DAHLHAUS, C. *Analysis and value judgement*. Trad. Siegmund Levarie. Nova York: Pendragon, 1983.

_____. *The idea of absolute music*. Trad. Roger Lustig. Chicago, Londres: The University of Chicago Press, 1991.

_____. *Ludwig van Beethoven*: approaches to his music. Trad. Mary Whitall. Oxford: Oxford University Press, 1993.

_____. *Estética musical*. Trad. Artur Morão. Lisboa: Edições 70, s.d.

DENNIS, D. B. *Beethoven in German politics, 1870-1989*. New Haven, Londres: Yale University Press, 2004.

DeNORA, T. *Beethoven and the construction of genius*: musical politics in Vienna, 1792-1803. Berkeley, Los Angeles, Londres: University of California Press, 1995.

D'INDY, V. *Beethoven*. Trad. H. F. Lima. São Paulo: Cultura, 1944.

DRABKIN, W. *Beethoven*: Missa *Solemnis*. Cambridge: Cambridge University Press, 1991.

_____. Um panorama da música de Beethoven. In: COOPER, Barry. (Org.) *Beethoven*: um compêndio. Guia completo da música e da vida de Ludwig van Beethoven. Trad. Mauro Gama, Claudia Martinelli Gama. Rio de Janeiro: J. Zahar, 1996. p.214-26.

DRAKE, K. *The Beethoven sonatas and the creative experience*. Bloomington, Indianápolis: Indiana University Press, 2005.

DUBAL, D. *Evenings with Horowitz*: a personal portrait. Nova York: Carol Publishing Group, 1991.

EAGLEFIELD-HULL, A. (Ed.) *Beethoven's letters*. With explanatory notes by A. C. Kalischer. Trad. J. S. Shedlock. Nova York: Dover publications, Inc., 1972.

ECO, U. Sobre os espelhos. In: _____. *Sobre os espelhos e outros ensaios*. Trad. Beatriz Borges. Rio de Janeiro: Nova Fronteira, 1989. p.11-37.

ELIOT, T. S. Tradition and the individual talent. In: _____. *Selected essays*. 3.ed. Londres: Faber and Faber, 1951. p.13-22.

FINLAY, M. *The romantic irony of semiotics*: Friedrich Schlegel and the crisis of representation. Berlin, Nova York, Amsterdã: Mouton de Gruyter, 1988. (Approaches to semiotics, 79).

FISCHER, E. *Beethoven's pianoforte sonatas*: a guide for students and amateurs. Trad. Stanley Goodman, Paul Hamburger. Londres: Faber & Faber, 1959.

FISKE, R. *Beethoven's Missa Solemnis*. Londres: Paul Elek, 1979.

FORTE, A., GILBERT, S. E. *Introduction to Schenkerian analysis*. Nova York, Londres: W. W. Norton & Company, 1982.

FREUD, S. O "estranho". In: _____. *Obras psicológicas completas de Sigmund Freud*: edição *standard* brasileira. Comentários e notas de James Strachey e Alan Tyson. Rio de Janeiro: Imago, 1996. v.17, p.237-69.

_____. Sobre o narcisismo: uma introdução. In: _____. *Obras psicológicas completas de Sigmund Freud*: edição *standard* brasileira. Comentários e notas de James Strachey e Alan Tyson. Rio de Janeiro: Imago, 1996. v.14, p.81-108.

GREEN, D. M. *Form in tonal music*: an introduction to analysis. 2.ed. Nova York: Holt, Rinehart and Winston, 1979.

GROUT, D. J., PALISCA, C. V. *A history of western music*. 6.ed. Nova York, Londres: W. W. Norton & Company, 2001.
GUARDIA, E. de la. *Las sonatas para piano de Beethoven*: su historia y análisis. Buenos Aires: Ricordi Americana, 1947
_____. *Las sinfonias de Beethoven*: su historia y análisis. Buenos Aires: Ricordi Americana, 1948.
_____. *Los cuartetos de Beethoven*: su historia y análisis. Buenos Aires: Ricordi Americana, 1952.
HAMILTON, K. *Liszt*: sonata in B minor. Cambridge: Cambridge University Press, 1996.
HANSLICK, E. *Do belo musical*: uma contribuição para a revisão da estética musical. Trad. Nicolino Simone Neto. 2.ed. Campinas: Editora da Unicamp, 1992.
HATTEN, R. S. *Musical meaning in Beethoven*: markedness, correlation, and interpretation. Bloomington, Indianápolis: Indiana University Press, 1994. (Advances in semiotics).
HEINE, H. *Buch der Lieder*. s. l.: Project Gutenberg, 2002. *e-book*.
HERTZ, N. *O fim da linha*: ensaios sobre a psicanálise e o sublime. Trad. Júlio Castañon Guimarães. Rio de Janeiro: Imago, 1994. (Biblioteca Pierre Menard).
HOFFMANN, E. T. A. O homem da areia. Trad. Ricardo Ferreira. In: CESAROTTO, O. *No olho do outro*. "O homem da areia" segundo Hoffmann, Freud e Gaiman. São Paulo: Iluminuras, 1996. p.17-50.
_____. *Die Abenteuer der Silvester-Nacht*. Frankfurt: Insel, 2003.
JAKOBSON, R. *Linguística e comunicação*. Trad. Izidoro Blikstein, José Paulo Paes. 20.ed. São Paulo: Cultrix, 1995.
JONES, T. *Beethoven*: the "Moonlight" and other sonatas, op.27 and op.31. Cambridge: Cambridge University Press, 2006.
KERMAN, J. *The Beethoven quartets*. Londres: Oxford University Press, 1978.
KERMAN, J., TYSON, A. *The new Grove Beethoven*. Nova York: W. W. Norton & Company, 1983.
KERMAN, J. et al. Beethoven, Ludwig van. In: *Grove music online*. Ed. L. Macy (acesso em 20 de junho de 2004), <http://www.grovemusic.com>.
KINDERMAN, W. *Beethoven*. Berkeley, Los Angeles: University of California Press, 1995.

_____. Two works born of a friendship. In: BEETHOVEN, L. van. *Piano sonatas – op.81a & 106*. Alfred Brendel, piano. s. l.: Philips, 446093-2, 1996. cd. p.1-5.

_____. *Beethoven's Diabelli variations*. Oxford, Nova York: Oxford University Press, 1999. (Studies in musical genesis and structure).

LACAN, J. Sósia. In: _____. *O seminário*. Livro 2. Trad. Marie Christine Lasnik Penot, Antonio Luiz Quinet de Andrade. Rio de Janeiro: J. Zahar, 1997. p.325-42.

LAM, B. *Beethoven*: quarteto de cordas. Trad. Carmem Assis Barroso. Rio de Janeiro: J. Zahar, 1983.

LEIBOWITZ, R. *Schoenberg*. Trad. H. Ziskind. São Paulo: Perspectiva, 1979.

LEVY, D. B. *Beethoven*: the ninth symphony. Nova York: Schirmer, 1995.

LOCKWOOD, L. *Beethoven*: a música e a vida. Trad. Lúcia Magalhães, Graziella Somaschini. São Paulo: Códex, 2005.

LYOTARD, J.-F. *O inumano*. Considerações sobre o tempo. Trad. Ana Cristina Seabra, Elisabete Alexandre. Lisboa: Estampa, 1990.

MAR, J. D. The text of the ninth symphony. In: COOK, N. *Beethoven*: symphony no.9. Cambridge: Cambridge University Press, 1993. appendix 2, p.110-7.

MARSTON, N. Tendências intelectuais: filosofia e estética. In: COOPER, B. (Org.) *Beethoven*: um compêndio. Guia completo da música e da vida de Ludwig van Beethoven. Trad. Mauro Gama, Claudia Martinelli Gama. Rio de Janeiro: J. Zahar, 1996. p.72-6.

MELETÍNSKI, E. M. *Os arquétipos literários*. Trad. Aurora Fornoni Bernardini, Homero Freitas de Andrade, Arlete Cavaliere. São Paulo: Ateliê Editorial, 1998.

MENEZES, F. *Apoteose de Schoenberg*. São Paulo: Ateliê Editorial, 2002.

MIES, P. *Beethoven's sketches*: an analysis of his style based on a study of his sketch books. Trad. Doris L. Mackinnon. Nova York: Dover publications, Inc., 1974.

MORRIS, E. *Beethoven*: the universal composer. Nova York: Harper Collins publishers, 2005.

MUNIZ NETO, J. V. *Beethoven e o sentido da transformação*. São Paulo: Annablume, 1997.

NESTROVSKI, A. R. Bloom contra-ataca. *Folha de S. Paulo*, São Paulo, 6 ago. 1995. Mais!, p.4.

_____. *Ironias da modernidade*: ensaios sobre literatura e música. São Paulo: Ática, 1996.

_____. *Notas musicais*: do barroco ao jazz. São Paulo: Publifolha, 2000.

OLIVEIRA, W. C. *Beethoven proprietário de um cérebro*. São Paulo: Perspectiva, 1979.

ORGA, A. *Beethoven*. Trad. Eduardo Francisco Alves. s. l.: Ediouro, 1992.

OSBORNE, R. *Conversando com Karajan*. Trad. J. E. S. Caldas. São Paulo: Siciliano, 1992.

PAULY, R. G. *La música en el periodo clásico*. Trad. Gerardo V. Huseby. Buenos Aires: Víctor Leru, 1974.

PERROT, J. Gêmeos: quadraturas e sizígias. In: BRUNEL, P. (Org.) *Dicionário de mitos literários*. Trad. Carlos Sussekind et al. Brasília: Editora da UnB, Rio de Janeiro: J. Olympio, 1997. p.391-8.

PISTON, W. *Orquestración*. Trad. Ramón Barce, Llorenç Barber, Alicia Perris. Madri: Real Musical, 1984.

RADCLIFFE, P. *Beethoven's string quartets*. Cambridge: Cambridge University Press, 1978.

RANK, O. *The double*. A psychoanalytic study. Trad. Harry Tucker, Jr. Londres: Karnac books, 2000.

RATNER, L. G. *Classic music*. Expression, form, and style. Nova York: Schirmer Books, 1980.

RIMSKY-KORSAKOV, N. *Principios de orquestación*. Con ejemplos sacados de sus propias obras. Red. Maximilian Steinberg. Trad. Jacobo Ficher, Abraham Jurafsky. Buenos Aires: Ricordi Americana, 1946. 2v.

ROBERTSON, A. et al. *Historia general de la música*. 7.ed. Madri: Istmo, 1985. 3v.

ROHMER, E. *Ensaio sobre a noção de profundidade na música*: Mozart em Beethoven. Trad. Leda Tenório da Motta, Arthur Nestrovski. Rio de Janeiro: Imago, 1997.

ROLLAND, R. *Beethoven*: grandes períodos criadores. Trad. F. L. Graça. Lisboa: Cosmos, 1960, 1961, 1962. 3v.

ROSEN, C. *Sonata forms*. Revised edition. Nova York, Londres: W. W. Norton & Company, 1988.

_____. *The romantic generation*. Cambridge: Harvard University Press, 1995.

_____. *The classical style*: Haydn, Mozart, Beethoven. Expanded edition with compact disc. Nova York, Londres: W. W. Norton & company, 1997.

_____. *Beethoven's piano sonatas*: a short companion. New Haven, Londres: Yale University Press, 2002.

RUSHTON, J. *Classical music*: a concise history from Gluck to Beethoven. Londres: Thames and Hudson, 1986.

SANTAELLA, L. *Matrizes da linguagem e pensamento*: sonora, visual, verbal. São Paulo: Iluminuras, Fapesp, 2001.

SCHOENBERG, A. *Fundamentos da composição musical*. Trad. Eduardo Seicman. São Paulo: Edusp, 1991.

_____. *Harmonia*. Apresentação de Flo Menezes. Trad. Marden Maluf. São Paulo: Editora da Unesp, 2002.

SEKEFF, M. de L. Beethoven, sua vida e sua obra. *O Estado de S. Paulo*, São Paulo, 12 jun. 1977. Suplemento cultural, p.9-11.

_____. *Curso e dis-curso do sistema musical (tonal)*. São Paulo: Annablume, 1996.

SOLOMON, M. *Beethoven*: vida e obra. Trad. Álvaro Cabral. Rio de Janeiro: J. Zahar editor, 1987.

_____. *Beethoven essays*. Cambridge, Londres: Harvard University Press, 1988.

_____. *Late Beethoven*: music, thought, imagination. Berkeley, Los Angeles, Londres: University of California Press, 2004.

SONNECK, O. G. (Ed.) *Beethoven*: impressions of his contemporaries. Nova York: Dover publications, Inc., 1967.

SOUZA, E. R. P. de. *Proporções no opus 110 de Beethoven*. Campinas: Editora da Unicamp, 1995.

STRAVINSKY, I., CRAFT, R. *Eau de vie*: uma entrevista sobre Beethoven. In: SILVERS, R. B. et al. (Org.) *Trinta anos do The New York review of books*: a primeira antologia. Trad. G. C. C. de Souza. São Paulo: Paz e Terra, 1997. p.144-150.

_____. *Conversas com Igor Stravinsky*. Trad. S. R. O. Moutinho. São Paulo: Perspectiva, 1999.

SUTCLIFFE, W. D. Binary form. After 1700. In: *Grove music online*. Ed. L. Macy (acesso em 2 de junho de 2004), <http://www.grovemusic.com>.

SUTCLIFFE, W. D., TILMOUTH, M. Binary form. In: *Grove music online*. Ed. L. Macy (acesso em 2 de junho de 2004), <http://www.grovemusic.com>.

TAUB, R. *Playing the Beethoven piano sonatas*. Pompton Plains: Amadeus Press, 2003.

THAYER, A. W. *Life of Beethoven*. Revised and edited by Elliot Forbes. Trad. H. E. Krehbiel. 10.ed. Princeton: Princeton University Press, 1991. 2v.

TOVEY, D. F. *A companion to Beethoven's pianoforte sonatas*: bar-to-bar analysis. Londres: The Associated Board of the Royal Schools of Music, 1931.

_____. *Essays in musical analysis*. Volume II: symphonies (II), variations, and orchestral polyphony. Londres: Oxford University Press, 1935.

TUSA, M. C. Beethoven's "c-minor mood": some thoughts on the structural implications of key choice. *Beethoven forum*, v. 2, p.1-27, 1993.

TYSON, A. *Beethoven studies*. Nova York: W. W. Norton & Company, 1973.

_____. *Beethoven studies 2*. Londres: Oxford University Press, 1977.

_____. *Beethoven studies 3*. Cambridge: Cambridge University Press, 1982.

VALENTIN, E. *Beethoven*: and his world. Londres: Thames and Hudson, 1958.

VAUGHAN WILLIAMS, R. *Some thoughts on Beethoven's choral symphony*: with writings on other musical subjects. Londres: Oxford University Press, 1953.

WAGNER, R. *Beethoven*. Trad. T. Tostes. Porto Alegre: L&PM, 1987.

WEISKEL, T. *O sublime romântico*: estudos sobre a estrutura e psicologia da transcendência. Trad. Patrícia Flores da Cunha. Rio de Janeiro: Imago, 1994. (Biblioteca Pierre Menard).

WHITHALL, A. *Romantic music*: a concise history from Schubert to Sibelius. Londres: Thames and Hudson, 1987.

ZAMPRONHA, E. S. *Notação, representação e composição*: um novo paradigma da escritura musical. São Paulo: Annablume, Fapesp, 2000.

Partituras

BEETHOVEN, L. van. *Klaviersonaten*. Ed. Bertha Antonia Wallner, Conrad Hansen. Munique: G. Henle Verlag, 1980. 2v.

_____. *Die neun Symphonien*. Ed. Jonathan Del Mar. Kassel: Bärenreiter-Verlag, 2001. 9v.

_____. *Digitale Abbildungen der 9. Sinfonie*. Biblioteca Estadual de Berlim (acesso em 11 de junho de 2004), <http://beethoven.staatsbibliothek-berlin.de/de/sinfonien/9/index.html>.

Gravações (áudio e vídeo)

BACH, J. S., BEETHOVEN, L. van. *Prelúdios e fugas n.4 e 5 de O cravo bem temperado v.I e sonata op.106 Hammerklavier*. Daniel Bento, piano. São Paulo: gravação de recital no teatro Paulo Eiró (02/10/1999), acervo particular, 1999. vhs.

BEETHOVEN, L. van. *Sonaten op.101 & 106 Hammerklavier*. Maurizio Pollini, piano. Hamburgo: Deutsche grammophon, 429569-2, 1977. cd.

_____. *Symphonie no.9 op.125*. Berliner philarmoniker. Herbert von Karajan, regente. Hamburgo: Deutsche Grammophon, 410987-2, 1984. cd.

_____. *Symphony no.9*. The NBC symphony orchestra. Arturo Toscanini, regente. s. l.: BMG Ariola discos ltda., 1-41001, 1990. vhs.

_____. *Piano sonatas no.8 & no.29*. Rudolf Serkin, piano. Nova York: Sony Classical, SBK 47666, 1992. cd.

_____. *Symphony no 9*. The chamber orchestra of Europe. Nikolaus Harnoncourt, regente. s. l.: Teldec, 9031-75713-2, 1992. cd.

_____. *Svjatoslav Richter in Prague*: sonatas nos.27, 28, 29. Svjatoslav Richter, piano. s. l.: Praga/Harmonia mundi, PR 254022, 1993. cd.

_____. *The Glenn Gould edition*: piano sonatas op.78 & op.106. Glenn Gould, piano. Nova York: Sony Classical, SMK 52645, 1993. cd.

_____. *Piano sonatas op.81a & 106*. Alfred Brendel, piano. s. l.: Philips, 446093-2, 1996. cd.

_____. *Symphony no.9.* Orchestre révolutionnaire et romantique. John Eliot Gardiner, regente. Nova York: Polygram records, 447074-2, 1996. cd.

_____. *Symphony no.9 choral.* Berliner philarmoniker. Herbert von Karajan, regente. s.l.: Sony Classical, 132.025/9-046364, 1998. dvd vídeo.

_____. *Wilhelm Kempff plays Beethoven.* Wilhelm Kempff, piano. Nova York: Video artists international, 69432, 2001. vhs.

_____. *Sonata op.106* Hammerklavier; *Bagatelles op.126*: nos.2 & 3. Alfred Brendel, piano. s.l.: Emi classics, DVA 4901239, 2003. dvd vídeo.

SOBRE O LIVRO
Formato: 14 x 21 cm
Mancha: 23,7 x 42,5 paicas
Tipologia: Horley Old Style 10,5/14
1ª edição: 2010

EQUIPE DE REALIZAÇÃO
Coordenação Geral
Marcos Keith Takahashi

Impressão e Acabamento
FARBE DRUCK
gráfica e editora ltda.